Editorial

Der Bereich der Sozialen Arbeit ist bei vielen Menschen nicht das erste Thema, das ihnen in den Sinn kommt, wenn es um die Digitalisierung unserer Gesellschaft geht. Das ist bei den vielen Diskussionen über autonome Systeme, Internet der Dinge und Smart Home nicht verwunderlich – und dennoch geradezu fahrlässig. Denn wenn es um „das Soziale“ geht, dann haben wir im Blick, wie es den Mitgliedern einer Gesellschaft geht. Hier geht es um die Frage, wie Menschen ihre Lebenssituation im Allgemeinen und bestimmte Entwicklungen und Veränderungen im Konkreten annehmen. Es geht um Dinge, die immer eine sehr hohe emotionale Komponente haben und daher auch für Frieden und Zusammenhalt in einer Gesellschaft unabdingbar sind.

Dabei müssen wir unseren Fokus besonders auf zwei Aspekte richten: Zum einen ist dies die Auswirkung der Digitalisierung auf den Alltag der Menschen und zum anderen geht es um die Möglichkeiten neuer Technologien, Menschen in ihrem Leben zu unterstützen, ihnen zu helfen und die Sicherheit zu geben, dass sie auch in einer hoch modernen Welt gut aufgehoben und willkommen sind. Sie müssen wissen (und nicht nur vorgesagt bekommen), dass ihnen die Chancen genauso zugutekommen wie denen, die sich vermeintlich ohne Schwierigkeiten in unserer technisierten Welt zurechtfinden. Sie müssen sich darauf verlassen können, dass sie mit ihren Bedenken, Ängsten und Sorgen nicht alleingelassen werden.

Wir müssen dabei mit Phänomenen zurechtkommen, die es durchaus schon früher gab, die per se nichts Neues sind, die durch die Digitalisierung aber ganz neue Dimensi[illegible] angenommen haben – etwa Themen wie soziale Exklusion, Mobb[illegible] Überforderung durch einen „Always On“-Anspruch und d[illegible] sundheitsgefährdenden Ruhelosigkeit. Wir müssen darüber h[illegible] schaffen und dafür sorgen, dass Menschen diese Arbeit auch [illegible] wollen und können. Wir müssen denen die Angst nehmen, d[illegible] des technologischen Fortschritts oder das Gefühl haben, erset[illegible]icherheiten für sich oder ihnen Nahestehende zu verlieren.

Soziale Arbeit bedeutet in einer digitalen Welt nichts anderes, als dies früher der Fall war. Sie ist die Arbeit an dem, was uns an uns und unserer Umwelt wichtig ist. Sicher, es gibt neue Probleme durch den technologischen Fortschritt, die es früher nicht gab. Aber es gibt auch neue Möglichkeiten, diesen Problemen zu begegnen. Diese Chance sollten wir alle nutzen.

Dorothee Bär, MdB
Staatsministerin bei der Bundeskanzlerin und
Beauftragte der Bundesregierung für Digitalisierung

ARCHIV

für Wissenschaft und Praxis der sozialen Arbeit

Vierteljahresheft zur Förderung von Sozial-, Jugend- und Gesundheitshilfe

Berlin • 50. Jahrgang • Nr. 2/2019

Begründet von
Prof. Dr. Hans Achinger

Herausgegeben von
Prof. Dr. Peter Buttner

im Auftrag des Deutschen Vereins für öffentliche und private Fürsorge e.V.
Michaelkirchstraße 17/18
10179 Berlin
www.deutscher-verein.de

ISSN 0340 - 3564
ISBN 978-3-7841-3127-6

Redaktion: Dr. Sabine Schmitt
Tel. (030) 6 29 80-319
Fax (030) 6 29 80-351
E-Mail: s.schmitt@deutscher-verein.de

Das Archiv für Wissenschaft und Praxis der sozialen Arbeit erscheint vierteljährlich. Der Bezugspreis beträgt 42,70 € (für Mitglieder des Deutschen Vereins 25,90 €) jährlich; Einzelheft 14,50 € (für Mitglieder 10,70 €) inkl. MwSt. zzgl. Versandkosten. Anmeldungen zur Mitgliedschaft nimmt die Geschäftsstelle des Deutschen Vereins entgegen.

Die Auslieferung erfolgt über den Lambertus-Verlag GmbH
Postfach 1026, 79010 Freiburg,
Tel. 0761-36825-0
info@lambertus.de

Druck:
Stückle Druck und Verlag, Ettenheim

Veröffentlicht mit Förderung durch das Bundesministerium für Familie, Senioren, Frauen und Jugend (BMFSFJ)

V.i.S.d.P.: Michael Löher

Abbildung Titelseite:
Adobe Stock

Inhalt

Helmut Kreidenweis

Digitale Transformation – Grundlagen, Strategien und Rahmenbedingungen

Die digitale Transformation hat unterschiedliche Gesichter. Viele davon betreffen auch die Soziale Arbeit. Wenn sich in der Gesellschaft etwa Formen der Kommunikation, Problemlösung oder Berufsfindung in digitale Sphären verlagern und dort gleichzeitig neue Möglichkeiten zur Gestaltung von Hilfeprozessen entstehen, so gilt es, dies als strategische Gestaltungsaufgaben zu begreifen. Dieser Beitrag zeigt, wie sich die Digitalisierung auf Gesellschaft und Soziale Arbeit auswirkt und welche Handlungsansätze es für Träger und Einrichtungen gibt.

Was ist mit Digitalisierung gemeint?

Digitalisierung bedeutet im ursprünglich technischen Sinne die Umwandlung analoger Informationsobjekte wie Schriftstücke, Musik, Fotos, Filme oder Messwerte in das von Computern verarbeitbare binäre System. Die gesellschaftspolitische Definition des Begriffes leitet sich daraus ab: Viele ursprünglich analoge Formen der Kommunikation (klassische Telefonie), Information (Zeitung, Fernsehen) oder Büroarbeit (Schreibmaschine, Karteien, Akten) werden heute mithilfe digitaler Technologien vollzogen. Lange Zeit wurde diese Entwicklung nur als Austausch der analogen gegen digitale Werkzeuge interpretiert, der diese Vorgänge lediglich schneller oder komfortabler macht, darüber hinaus jedoch keine nennenswerten Wirkungen zeitigt. Tatsächlich war das im klassischen Computerzeitalter der letzten dreißig bis vierzig Jahre auf weite Strecken auch der Fall: Daten wurden manuell in die Rechner eingegeben, fest programmierte Algorithmen verarbeiteten sie in der vordefinierten Weise und gaben sie auf dem Bildschirm oder dem Drucker wieder aus. So unterstützt die Informationstechnologie bis heute viele Prozesse im Finanz- oder Personalwesen von Unternehmen, ist bei der Bearbeitung von Texten hilfreich, ermöglicht Recherchen in Datenbanken und im Internet oder elektronifiziert den Postversand.

Etwa seit der Jahrtausendwende wurde mehr und mehr deutlich, dass schon der intensive Einsatz herkömmlicher IT und vor allem verschiedener internetbasierter Technologien die Organisationen und ihre Umwelt verändern. Die interne Kommunikation per E-Mail begann hierarchisch organisierte Interaktionspfade zunehmend infrage zu stellen, Kund/innen verlangten nach einer schnelleren Antwort, das Internet bot neue Möglichkeiten für den Vertrieb und immer mächtigere Unternehmenssoftware ermöglichte neue Formen der Prozessorganisation und Arbeitsteilung. Parallel begann im privaten

Bereich das Zeitalter des Web 2.0, das die Konsument/innen mithilfe sozialer Medien wie Facebook, Twitter oder YouTube oder in jüngerer Zeit mit Instagram oder Snapchat zu „Prosumenten", also gleichzeitigen Produzenten und Konsumenten machte. Der kometenhaften Aufstieg dieser Sozialen Netzwerke, verbunden mit ihrer omnipräsenten Anwendbarkeit auf Smartphones und Tablets, läutete ein neues Internet-Zeitalter ein und begann, das Kommunikations- und Informationsverhalten vieler Menschen tiefgreifend zu verändern (vgl. Kreidenweis 2018a, 11 f.).

Prof. Helmut Kreidenweis, Dipl. Päd. (Univ.), Dipl.-Soz. päd. (FH), lehrt Sozialinformatik an der Katholischen Universität Eichstätt-Ingolstadt; Gründer und Vorstand des Fachverbands Informationstechnologie in Sozialwirtschaft und Sozialverwaltung FINSOZ e.V.
E-Mail: hk@ki-consult.de

Die Technologien, welche die Digitalisierung vorantreiben, sind vielfältig. Neben den oben benannten Mobiltechnologien auf Basis der Internet-Infrastruktur sind hier vor allem das maschinelle Lernen (künstliche Intelligenz), die häufig auf ihr basierenden Systeme zur Verarbeitung natürlicher Sprache sowie die Robotik zu nennen. Dazuzurechnen ist auch das Internet der Dinge, also die Durchdringung vieler Alltagsgegenstände mit digitalen Sensoren oder Aktoren, die über das Internet wiederum mit zentralen Systemen verbunden sind. Unterstützende Technologien sind etwa das Cloud Computing, das Rechen- und Speicherkapazitäten oder Software beliebig skalierbar und ortsunabhängig bereitstellt und Unternehmen flexible und wirtschaftliche Formen der IT-Nutzung ermöglicht. In diese Kategorie gehören auch verschiedene Formen der Auswertung unstrukturierter Massendaten, die unter Begriffen wie Advanced Analytics oder Big Data subsumiert werden.

Wie wirkt Digitalisierung auf Wirtschaft und Gesellschaft?

Der Übergang von der klassischen IT zu den heute unter dem Begriff Digitalisierung diskutierten Phänomenen ist fließend. Am deutlichsten ist er wohl an der Ausbreitung neuer, disruptiver Geschäftsmodelle in der gewerblichen Wirtschaft festzumachen. War es bislang häufig das Ziel neuer Marktteilnehmer, Produkte oder Dienstleistungen „einen Tick" besser, attraktiver oder günstiger zu machen als die der Wettbewerber, so stellten mehrere um das Jahr 2010 gegründete Firmen wie Uber oder Airbnb plötzlich die Regeln ganzer Branchen wie des Taxi- oder des Hotelleriegewerbes auf den Kopf. Fast alle diese Newcomer sind Quereinsteiger in die jeweiligen Branchen. Etablierte Unternehmen schafften dagegen nur selten den Paradigmenwechsel von ihren angestammten zu völlig neuen Geschäftsmodellen. Beispielhaft dafür stehen Firmen wie Quelle, Kodak oder Nokia, die zunächst davor zurückschreckten, ihr bisheriges Kerngeschäft durch andere Geschäftsmodelle zu untergraben, und später nicht mehr dazu in der Lage waren, den neu entstandenen Wettbewerbern die Stirn zu bieten. Diese

Beispiele zeigen auch, dass Digitalisierung immer wieder auch wörtlich zu nehmen ist als Entmaterialisierung einst analoger Produkte: Filme, Schallplatten, Bilder, Briefe, Bücher, Schlüssel oder sogar Geld werden ersetzt durch Bits und Bytes. Sofern nicht durch technische Restriktionen beschränkt, lassen sich diese nahezu kostenfrei transportieren, kopieren und elektronisch auswerten und verändern so die Wertschöpfungsketten in vielen Bereichen des Wirtschaftens radikal.

Begnügten sich die Schöpfer vieler digitaler Geschäftsmodelle anfangs mit einer nur geringen Wertschöpfungstiefe, wie etwa der reinen Vermittlung von Produkten oder Dienstleistungen, so besetzen sie nach und nach immer größere Teile der Wertschöpfungskette. Ein gutes Beispiel dafür ist Amazon, das seine Aktivitäten nun neben dem Verkauf auch in die Produktion von Medieninhalten oder die Bereitstellung von Endgeräten und die Lieferlogistik ausweitet. Auch Google bietet mittlerweile über die reine Suchmaschinenfunktion hinaus auch höherwertige Leistungen wie Produktvergleiche oder direkte Buchung von Leistungen an und dringt in völlig neue Märkte wie selbstfahrende Autos oder die Medizin vor (vgl. Kreidenweis 2018a, 15 f.).

„Telefonieren tu ich nur mit alten Leuten" – dieses Statement eines 14-jährigen Jungen (Süddeutsche Zeitung 4./5. März 2017, 10) drückt plastisch aus, dass mit der immer schnelleren Adaption neuer technischer Geräte und Geschäftsmodelle auch tiefgreifende gesellschaftliche Veränderungen einhergehen. Sie betreffen nahezu das gesamte Privatleben und reichen bis in die intimsten Bereiche. So hat sich die Art zu kommunizieren und Sozialkontakte zu pflegen insbesondere bei jüngeren Menschen radikal gewandelt. Medial vernetzte Kommunikation, vor allem über Soziale Medien, ergänzt oder ersetzt vielfach analoge Kommunikation, mündliche Formen werden durch schriftliche Formen ersetzt, für die sich wiederum völlig eigene Sprachstile herausbilden. Anders ausgedrückt: Die gesellschaftliche Basiseinheit „Kommunikationszeit" verschiebt sich immer stärker in den digitalen Raum und prägt das gesellschaftliche und wirtschaftliche Miteinander (vgl. Kollmann/Schmidt 2016, 3).

Wie verändert die digitale Transformation Soziale Arbeit?

Soziale Organisationen, die Hilfsangebote für Einzelpersonen, Familien und Gruppen in unterschiedlichen Lebensphasen und -lagen bereitstellen, bewegen sich mitten in der Gesellschaft und sind permanent mit gesellschaftlichen Veränderungen konfrontiert. Es bedarf daher keiner besonderen Begründung, dass sich auch der digitale Wandel auf ihre Arbeit auswirkt. Wie der IT-Report für die Sozialwirtschaft (Kreidenweis/Wolff 2018, 37 f.) empirisch belegt, wird die Dynamik dieses Wandels mindestens von einem Teil der Verantwortlichen der Branche vielfach noch unterschätzt. An dieser Stelle ist Kollmann/Schmidt (2016, 43) zuzustimmen:

> „Das Schwierige am technischen Fortschritt ist oft sein Tempo: Die meisten Unternehmenslenker erkennen ihn nicht, bevor er als Bedrohung ihres Geschäftsmodells auftaucht und bisher weitgehend unbekannte Wettbewerber stark macht."

„Die Freie Wohlfahrtspflege vor der Digitalisierung wird eine andere sein, als die nach der Digitalisierung", so Gerhard Timm, Geschäftsführer der Bundesarbeitsgemeinschaft der Freien Wohlfahrtspflege (2017, 1) – auch dieser Aussage ist zuzustimmen, sofern es ein „nach" hier überhaupt geben wird. Wenn sich Verhaltensweisen von Menschen grundlegend verändern, neue Technologien den Menschen mit Hilfebedarf deutlich mehr Autonomie ermöglichen, neue und für Kunden hochattraktive Geschäftsmodelle entstehen und andere Marktteilnehmer auftauchen, so können die über viele Jahrzehnte gewachsenen Grundfesten der Branche durchaus ins Wanken geraten. Dies gilt, zumal zentrale Merkmale des digitalen Wandels in erstaunlich hohem Maße mit sozialpolitischen Entwicklungstrends korrespondieren: Die Umgestaltung der ursprünglich korporativ organisierten Wohlfahrtspflege zu einem stärker marktwirtschaftlich ausgerichteten System mit dedizierten Wettbewerbselementen und einer konsequenteren Orientierung an den Hilfebedarfen der Klient/innen (vgl. etwa Klug 1997; Dahme u.a. 2005) ist, beginnend mit der Altenhilfe, schon seit den 1990er-Jahren im Gang. Sie wird durch die jüngste Gesetzgebung etwa in den Pflegestärkungsgesetzen I–III und im Bundesteilhabegesetz bestätigt. Ziel des Gesetzgebers ist es dabei vielfach, neben einer Begrenzung der Kosten auch die Personenzentrierung, die Stärkung der Kundensouveränität und damit einhergehend eine stärkere Ausdifferenzierung des Leistungsspektrums zu forcieren.

Denkt man diese Tendenzen weiter in die digitale Welt, so münden sie fast schon zwangsläufig in Formen einer digitalen Dienstleisterauswahl, bei denen sich Klient/innen und deren Betreuer/innen bzw. Angehörige ihren Hilfemix individuell zusammenstellen und dabei die Auswirkungen ihrer Wahl auf das verfügbare Budget online nachverfolgen können. Nächster konsequenter Schritt ist die digitale Leistungsbuchung und -stornierung sowie eine digitale Dienstleisterbewertung nach Art von Amazon, Google oder eBay. Zum Hilfemix können dabei natürlich auch hybride – also gemischt analog-digitale – oder rein digitale Dienstleistungen gehören.

Wie sollen sich soziale Organisationen strategisch positionieren?

Die obigen Ausführungen lassen bereits ahnen, dass der digitale Wandel alle Dimensionen sozialer Organisationen und ihrer Dienstleistungen umfasst: von der Binnenorganisation über die Arbeit mit Klient/innen, Angehörigen und Ehrenamtlichen bis hin zur Marktkommunikation, zur Mitarbeiterakquise und zum Informationsaustausch mit Kooperationspartnern oder Leistungsträgern (vgl. FINSOZ 2017a). Diese Komplexität und die damit verbundenen Herausforderungen sind nicht durch unkoordinierte Einzelmaßnahmen zu bewältigen. Nur ein strategischer, über einen Zeitraum von mehreren Jahren tragfähiger Ansatz führt hier zum Ziel. Dabei gilt es, auf Basis einer – hoffentlich vorhandenen – Unternehmensstrategie Prioritäten zu definieren und die Mitarbeiter/innen an den Planungen und Entwicklungen angemessen zu beteiligen, um Eigeninitiative zu wecken und Akzeptanz sicherzustellen.

Zentrale Grundlage für eine solche Digitalisierungsstrategie ist die Erkenntnis, dass der digitale Wandel nicht in erster Linie eine technische Herausforderung ist. Er beginnt vielmehr in den Köpfen von Leitungskräften und Mitarbeitenden.

Nicht selten wird diese Auseinandersetzung begleitet von heftigen Diskussionen: „Wir sind doch angetreten, mit Menschen zu arbeiten, und nun sollen wir uns mit Technikkram beschäftigen" oder: „Wir lassen es niemals zu, dass bei uns Menschen von Robotern betreut und gepflegt werden." Aversionen, Ängste und Bedenken dieser Art sind, auch mit Blick auf die Historie der Sozialen Arbeit, verständlich und müssen ernst genommen werden. Ebenso bedürfen verschiedene (meist noch nicht in naher Zukunft liegende) Ausprägungen der Digitalisierung eines Abgleichs mit den ethischen Grundsätzen und Werten der jeweiligen Organisation und ihrer Trägerschaft. Dies gilt insbesondere für einen Teil der Einsatzszenarien von Künstlicher Intelligenz oder Robotik. Aber es gilt auch, klar zu erkennen, dass es nicht die sozialen Einrichtungen sein werden, die darüber entscheiden, welche Kontaktwege oder Hilfeformen künftig als attraktiv erachtet werden und sich durchsetzen. Wenn die eine Organisation nicht bietet, was die Menschen erwarten, wird es andere – vor allem auch privatwirtschaftliche – Anbieter geben, die diese Bedürfnisse erfüllen. Zwar bietet das bislang vorherrschende System der Genehmigung und Finanzierung vieler sozialer Dienstleistungen über öffentliche Leistungsträger noch einen gewissen Schutzpuffer; sich vollständig darauf zu verlassen, wäre jedoch fatal, weil die Liberalisierung der Zugangswege weiter voranschreiet und eine Reihe von Leistungsträgern etwa im Kita-Bereich oder in der Behindertenhilfe dazu übergehen, digitale Plattformen für die Buchung von Leistungen aufzubauen.

Denkt man Digitalisierung also in strategischen Dimensionen, so muss zunächst unterschieden werden zwischen Themen, die auf Ebene der einzelnen Organisationen vor Ort bearbeitet werden müssen, und solchen, die nur auf den höheren Verbandsebenen zu leisten sind.

Strategien für lokale Organisationen

Um in einzelnen Organisationen Klarheit darüber zu schaffen, welche Aktivitäten sinnvoll und machbar sind, sollte eine organisationsspezifische Digitalisierungsstrategie entwickelt werden. Der erste Schritt dabei ist eine gründliche Ist-Analyse. Sie beginnt bei der klassischen IT, denn sie ist das Rückgrat für nahezu alle Digitalisierungsaktivitäten. Wenn noch keine moderne, mobil- und cloudfähige IT-Infrastruktur vorhanden ist, wenn IT-Verantwortliche noch Server und PCs warten statt digitale Geschäftsprozesse zu gestalten, wenn mit veralteter, nicht web- und mobilfähiger Branchensoftware gearbeitet wird, dann muss zunächst die klassische IT modernisiert werden (vgl. Kreidenweis 2018b). Im ersten Schritt gilt es zumeist, IT als strategisches Managementthema zu etablieren und die Systeme konsequent zu konsolidieren und zu modernisieren (vgl. Kreidenweis 2011). Das wird je nach dem Grad des Modernisierungsstaus oft Jahre in Anspruch nehmen und kann meist nur schrittweise refinanziert werden. Auch an diesem Punkt sollten Verantwortliche in sozialen Organisationen beginnen umzudenken: In Zukunft werden es nicht mehr allein die Investitionen in Immobilien und neue Hilfsangebote sein, die die Existenz sichern oder Marktposition ausbauen.

Die intelligente Nutzung der vorhandenen Daten und ihre Veredelung zu steuerungsrelevanten Informationen wird in Zukunft wesentlich mit über den Erfolg der Organisationen entscheiden.

Ein weiterer zentraler Analysebereich ist das Geschäftsprozessmanagement. Digitale Geschäftsmodelle funktionieren nur mit ausgereiften, standardisierten und durchgängig IT-unterstützten Prozessen (vgl. Faiß/Kreidenweis 2016). Wenn dagegen Prozesse vom Qualitätsmanagement (QM) noch immer in dicken Handbüchern dokumentiert werden, statt die Arbeitsabläufe konsequent in moderner Fachsoftware oder in Dokumentenmanagement-Systemen abzubilden und organisatorisch zu optimieren, dann muss dringend umgesteuert werden. Häufig ist auch die Architektur der bislang eingesetzten Software nicht prozessorientiert, sondern stammt noch aus der funktionsorientierten Steinzeit der „EDV". Kommt eine Einrichtung dagegen bei Bewerbungen, Urlaubsanträgen, Abwesenheitsmeldungen oder Neuaufnahmen bereits komplett ohne Papier aus und werden Daten von Klient/innen oder Mitarbeitenden nur an einer einzigen Stelle erfasst und medienbruchfrei weiterverarbeitet, so ist das ein Indikator dafür, dass ein gewisser Reifegrad in diesem Thema erreicht ist.

Parallel zu den oben genannten Aktivitäten kann durchaus begonnen werden, in „Leuchtturmprojekten" erste Erfahrungen mit neuen Digitaltechnologien im Bereich der personenbezogenen Dienstleistungen zu sammeln. Dabei gilt es, die Kreativpotenziale der Mitarbeitenden, Betreuten und Angehörigen aktiv zu nutzen. Digitalisierung bedeutet auf dieser Ebene oft zunächst, Erfahrungen im Kleinen zu sammeln, Dinge auszuprobieren, zu scheitern und neu zu beginnen. Aufgabe der Leitungsebenen ist es an dieser Stelle, innovative Mitarbeitende zu identifizieren und zusammenzubringen, Freiräume zu schaffen und – so schwer das auch sein mag – Budgets bereitzustellen oder Forschungsmittel zu akquirieren. Wenn sich Innovationsideen als erfolgreich erweisen, müssen sie systematisch ins Alltagsgeschäft integriert werden. Dazu zählen etwa Ansätze der Klientenkommunikation mit datensicheren Messengerdiensten und sozialen Medien, Therapie-Apps, Edutainment-Produkte oder die Nutzung von E-Learning und virtueller Realität in Bildungsmaßnahmen aller Art. Diese Aktivitäten haben einen weiteren entscheidenden Effekt: Sie ermöglichen die aktive digitale Teilhabe benachteiligter

Menschen, erweitern den Erfahrungsraum von Mitarbeitenden und fördern auf beiden Seiten den reflektierten Umgang mit solchen Medien.

Zur digitalen Teilhabe gehört es auch, Klient/innen, Angehörige oder Ehrenamtliche an der Planung und Dokumentation partizipativ zu beteiligen. Hierzu bieten sich Mobil-Apps an, die an die Fachsoftware gekoppelt sind und geeignete Ausschnitte dieser Daten sichtbar machen oder auf einfache Weise Eingaben ermöglichen, um mit der zuständigen Betreuungsperson zu chatten, die eigene Stimmung oder Motivation zu dokumentieren oder vereinbarte Aufgaben als erledigt abzuhaken. Hier sind die Anbieter dieser Programme gefordert, entsprechende Lösungen bereitzustellen. Denn viele Menschen, die es gewohnt sind, ihren Alltag per Smartphone zu organisieren, werden es nicht mehr akzeptieren, umständlich anrufen, physisch präsent sein zu müssen oder sperrige Papierformulare zu nutzen, um wichtige Informationen zu bekommen oder bereitzustellen (vgl. Kreidenweis 2018d).

Strategien auf Verbandsebene

Bei der oben benannten Entwicklung professioneller IT-Umgebungen als Grundgerüst für weitere Projekte der Digitalisierung sind die Trägerverbände massiv gefordert. Sie sollten ihren Einrichtungen in Zusammenarbeit mit professionellen IT-Servicepartnern einen vertraglich und technisch abgesicherten sowie wirtschaftlich tragbaren Rundum-Service bieten. Dieser hält den Einrichtungen den Rücken frei von technischen und juristischen Detailfragen und ermöglicht ihnen, sich auf ihr Kerngeschäft und auf neue Digitalisierungsprojekte zu konzentrieren. Nur sollten die Verbände dabei nicht mehr dem Fehler verfallen, alles selbst machen zu wollen. Denn längst gibt es professionelle IT-Dienstleister, die die notwendigen Services „von der Stange" und zu vertretbaren Kosten bieten – zumal auf einem deutlich höheren Sicherheitsniveau, als es jeder IT-Verantwortliche vor Ort herstellen könnte.

> Aufgabe der Verbände ist es hier, attraktive und rechtskonforme vertragliche Konditionen auszuhandeln, Servicelevels zu definieren, die Einrichtungen zu beraten und die Dienstleister mittels vordefinierter Instrumente zu steuern.

Überfordert sind die meisten Einzelorganisationen auch im Kontext der Plattform-Ökonomie, die zunehmend auf die Sozialwirtschaft übergreift. So wie viele Menschen mittlerweile Produkte über webbasierte Plattformen vergleichen oder Reisen buchen, so werden sie künftig auch vermehrt soziale Dienstleistungen darüber auswählen. Getreu dem Motto „Plattformen sind gut zu Konsumenten, schlecht zu Produzenten" (Kollmann/Schmidt 2016, 79) werden die Leistungen der Vermittlungsplattformen dabei regelmäßig nicht vom Endkunden, sondern vom Anbieter der Dienstleistung bezahlt, der dies zusätzlich aus den heute oft schon engen Erlöskorridoren finanzieren müsste. Auf dem Plattformmarkt für soziale Dienstleistungen sind heute bereits verschiedene nationale Firmen und internationale Konzerne wie betreut.de oder pflegix.de tätig und es ist vermutlich nur eine Frage der Zeit, bis Marktgiganten wie Google oder Amazon auf diesem Feld aktiv werden (vgl. Kreidenweis 2018c).

Bedenklich stimmt dabei, dass viele Verantwortliche sozialer Träger diese Entwicklungen bislang noch nicht wahrnehmen oder ihr disruptives Potenzial nicht erkennen. Genau wie dies schon in vielen anderen Branchen der Fall war, besteht auch in der Sozialwirtschaft die Gefahr, dass diese Entwicklungen aus Unwissenheit oder Fehleinschätzung so lange ignoriert werden, bis sich monopolartige Strukturen herausgebildet haben, die den direkten Kundenzugang in weiten Bereichen abschnüren und kaum noch Spielraum für Gegenreaktionen lassen.

> Hier sind die Spitzenverbände der Wohlfahrtspflege massiv gefordert, zügig gemeinsame Strategien zu entwickeln, wenn sie ihre zeitlich eng begrenzte Chance gegenüber den genannten privatwirtschaftlichen Playern nutzen wollen.

Eine weitere zentrale Verbandsaufgabe liegt – das ist grundsätzlich nichts Neues – in der politischen Lobbyarbeit. Hier geht es jedoch um die Digitalisierung. Dazu haben sich Wohlfahrts- und Fachverbände in der Vergangenheit nur schwach positioniert. In der Folge wird derzeit auf Bundes- und Landesebene die Digitalisierung in Wirtschaft und Industrie mit Milliardenbeträgen gefördert, während der soziale Sektor bislang nur wenig Berücksichtigung findet. Es gilt daher, in den zuständigen Fachministerien deutlich zu machen, dass sich auch dieser Bereich digitalisieren muss, wenn er mit den gesellschaftlichen Anforderungen Schritt halten will – und dass gemeinnützige und leistungsfinanzierte Organisationen dies nicht primär aus Eigenmitteln stemmen können. Ein erster Ansatz dazu ist die Vereinbarung der Bundesarbeitsgemeinschaft der Freien Wohlfahrtspflege mit dem Bundesministerium für Familie, Senioren, Frauen und Jugend zur Förderung von Digitalisierungsprojekten. Bewegung gibt es auch in der Altenhilfe, wo ein durch den eklatanten Fachkräftemangel generierter Druck das Bundesministerium für Gesundheit dazu bewogen hat, den Einrichtungen im Rahmen des „Sofortprogramms Pflege“ direkte Zuschüsse zu Digitalisierungsmaßnahmen zu gewähren.

Doch diese Ansätze werden bei Weitem nicht genügen. Weitere Initiativen, auch auf Ebene der Länder und Kommunen, müssen folgen. Gleichzeitig gilt es, beständig darum zu ringen, die Aufwände im Zusammenhang mit der Digitalisierung und insbesondere der digitalen Teilhabe als festen Posten in den Leistungs- und Qualitätsvereinbarungen mit den Kostenträgern zu verankern.

Ein Negativbeispiel in Sachen Digitalisierungslobbying ist das Bundesteilhabegesetz (BTHG). Weder die Betroffenenverbände noch die Vertreter der Sozialwirtschaft haben im Gesetzgebungsverfahren erkannt, dass im Jahr 2017 ein Rechtsrahmen geschaffen wurde, der an keiner Stelle auf den digitalen Wandel Bezug nimmt. Weder kommt darin explizit der Begriff der digitalen Teilhabe vor noch sind ernsthafte Ansätze definiert, diese zu fördern. Gleiches gilt für die nun weitaus komplexer werdenden Transaktionsprozesse zwischen den Leistungserbringern, Leistungsträgern und Betroffenen. Auch hier hat der Gesetzgeber keinerlei Standards definiert, die einem digitalen Informationsaustausch förderlich sind oder ihn gar einfordern. Im Fünften und Elften Buch des Sozialgesetzbuchs (SGB V und XI) wurden solche Anforderungen schon vor über 20 Jahren verankert – wenn auch auf eine Weise, die den heutigen technischen Möglichkeiten nicht mehr gerecht wird und dringend einer grundlegenden Reformierung bedarf. So werden nach dem Inkrafttreten der dritten Stufe des BTHG vermutlich dreistellige Millionenbeträge in eine ausufernde Bürokratie fließen, statt den Betroffenen zugutezukommen. Ebenso werden einzelne Kostenträger regional gültige IT-Verfahren entwickeln und überregional tätige Träger und deren Software-Lieferanten haben dann mit einem Wust von kaum sinnvoll zu wartenden und fehleranfälligen Schnittstellen zu tun (vgl. FINSOZ 2017b; Kreidenweis 2018d). Ähnliches gilt für viele andere Hilfefelder wie etwa die Kinder- und Jugendhilfe, wo es einen Wildwuchs kleinstaatlicher Regelungen für den Nachweis und die Abrechnung von Leistungen gibt, die kaum sinnvoll in Software abbildbar sind und deren manuelle Bearbeitung dem Hilfesystem immense Finanzmittel entzieht.

> Hier ist es an der Zeit, dass die Spitzenverbände der Wohlfahrtspflege endlich diese Probleme ernst nehmen und auf höchster Ebene intervenieren, um dieser enormen Verschwendung von Mitteln aus Steuern, Sozialetats und Sozialversicherungen Einhalt zu gebieten.

In den Fach- und Wohlfahrtsverbänden gilt es daher, fundiertes Querschnitts-Know-how im Bereich Digitalisierung aufzubauen, um die Mitgliedsorganisationen zu beraten, auf politische Meinungsbildungsprozesse Einfluss zu nehmen und Finanzmittel für Forschungs- und Entwicklungsprojekte zu akquirieren. Durch die Zusammenarbeit mit einschlägigen Fachverbänden wie FINSOZ, mit Forschungseinrichtungen oder Hochschulen kann Wissen generiert und vermittelt werden; ebenso ist es möglich, Projektideen zu realisieren.

Risiken der Digitalisierung

Neben allen Chancen gilt es auch, die Risiken der Digitalisierung im Auge zu behalten. Diese liegen neben den oben genannten Marktrisiken vor allem im Bereich des Schutzes personenbezogener Daten. So kann etwa der unbedachte Einsatz von marktgängigen Digitaltechnologien wie Whatsapp, Facebook oder Dropbox verheerende Folgen haben. Doch warum nutzen die Mitarbeiter/innen sozialer Organisationen solche teils sogar organisationsintern verbotenen und datenschutzrechtlich bedenklichen Apps? Sie wollen effizient arbeiten und zeitgemäß mit ihrem Umfeld kommunizieren, doch die eigene Organisation stellt ihnen keine datensicheren Alternativen dazu bereit. Daher gilt: Je intensiver man sich mit Digitaltechnologien befasst, desto besser wird auch in der Regel der Schutz sensibler personenbezogener Daten (vgl. Althammer 2018). Hier stellt sich auch die Frage, warum die Spitzenverbände der Wohlfahrtspflege oder Organisationen wie der Deutsche Verein für öffentliche und private Fürsorge nicht längst Forschungs- und Entwicklungsprojekte in Auftrag gegeben haben, um dieses in der Sozialen Arbeit mittlerweile weit verbreitete Problem zu lösen, mit dessen Bearbeitung die meisten Einrichtungen vor Ort überfordert sind.

Ein intensivierter Einsatz digitaler Technik bringt es naturgemäß mit sich, dass eine größere Menge an Daten entsteht – im Kontext Sozialer Arbeit sind dies häufig hochsensible personenbezogene Daten. Organisationen, die sich stärker digitalisieren (aber auch schon solche, die klassische IT wie Word und Excel einsetzen!), brauchen folglich ein professionelles IT-Sicherheitsmanagement, das oft ebenso der Beratung und Unterstützung vonseiten der Verbandsebenen bedarf.

Zusätzlich erschwert wird die Gewährleitung von Datenschutz und IT-Sicherheit künftig durch die im Rahmen der Digitalisierung erforderliche Öffnung der organisationseigenen IT-Systeme. Wurden Netzwerke und Rechner bislang fast nur intern von Mitarbeitenden genutzt, so gilt es nun, Klient/innen, Angehörige oder Ehrenamtliche in digitale Prozesse zu integrieren oder mit Daten aus Sensorsystemen oder Webcams souverän umzugehen. Das stellt die – wenn überhaupt vorhandenen – kleinen IT-Abteilungen von Einzelorganisationen vor schier unlösbare Aufgaben. Die dort bislang häufig geübte Praxis des Abwehrens solcher Technologien kann jedoch keine Alternative mehr sein. Auch aus diesem Grund sind die Verbände gefordert, die oben bereits genannte Bereitstellung professioneller IT-Umgebungen voranzutreiben.

Fazit

Der digitale Wandel wird die Soziale Arbeit in vielerlei Hinsicht verändern. Vor allem große, wirtschaftlich starke (Komplex-)Träger werden dabei ihre Vorteile ausspielen können. Sie verfügen schon heute oft über ein professionelles IT-Management und hoch entwickelte IT-Landschaften. Vielfach besitzen sie auch Erfahrungen in der Akquise und Durchführung von Forschungsprojekten sowie das nötige „Spielgeld" für experimentelle Innovationen. Damit haben sie das Potenzial, den kleineren Organisationen in Sachen Digitalisierung davonzueilen und ihre Marktvorteile geltend zu machen. Bedenklich stimmt hier auch ein aktueller Befund aus dem IT-Report für die Sozialwirtschaft (Kreidenweis/Wolff 2018): Die Führungsebenen großer Träger haben die Herausforderungen der Digitalisierung deutlich klarer vor Augen als die Leitungskräfte kleiner und mittlerer Einrichtungen, die oft noch im Tal der digital Ahnungslosen verweilen. Wenn die Verbände das viel beschworene Wunsch- und Wahlrecht der Betroffenen auch in Zukunft gewährleisten wollen, gilt es, intensive Aufklärungsarbeit zu leisten, Beratung und professionelle IT-Services anzubieten oder Projekte zu akquirieren.

Literatur

Althammer, Thomas (2018): Datenschutz und IT-Sicherheit in Zeiten der Digitalisierung, in: Kreidenweis, Helmut (Hrsg.): Digitaler Wandel in der Sozialwirtschaft. Grundlagen – Strategien – Praxis, Baden-Baden, S. 223–238.

Dahme, Heinz-Jürgen/Kühnlein, Gertrud/Wohlfahrt, Norbert (2005): Zwischen Wettbewerb und Subsidiarität. Wohlfahrtsverbände unterwegs in die Sozialwirtschaft, Berlin.

Faiß, Peter/Kreidenweis, Helmut (2016): Geschäftsprozessmanagement in sozialen Organisationen, Baden-Baden.

FINSOZ e.V. (2017a): Positionspapier Digitalisierung der Sozialwirtschaft, finsoz.de/sites/default/files/pressemeldungen/finsozev_positionspapier-digitalisierung-2.auflage.pdf (25. Januar 2019).

FINSOZ e.V. (2017b): Positionspapier Bundesteilhabegesetz, finsoz.de/sites/default/files/positionspapier_bthg.pdf (25. Januar 2019).

Klug, Wolfgang (1997): Wohlfahrtsverbände zwischen Markt, Staat und Selbsthilfe, Freiburg i.Br.

Kollmann, Tobias/Schmidt, Holger (2016): Deutschland 4.0. Wie die Digitale Transformation gelingt, Wiesbaden.

Kreidenweis, Helmut (2011): IT-Handbuch für die Sozialwirtschaft, Baden-Baden.

Kreidenweis, Helmut (Hrsg.) (2018a): Digitaler Wandel in der Sozialwirtschaft. Grundlagen – Strategien – Praxis, Baden-Baden.

Kreidenweis, Helmut (2018b): Offen für alles? – Neue Anforderungen an Branchensoftware für die Sozialwirtschaft, in: Kreidenweis, Helmut (Hrsg.): Digitaler Wandel in der Sozialwirtschaft. Grundlagen – Strategien – Praxis, Baden-Baden, S. 193–202.

Kreidenweis, Helmut (2018c): Stich in die Herzkammer der Sozialwirtschaft? Plattformen für soziale Dienstleistungen, in: Sozialus/BFS-Info Nr. 2, S. 16–19.

Kreidenweis, Helmut (2018d): Digitalisierung ändert nichts – außer alles. Chancen und Risiken für Einrichtungen der Lebenshilfe, in: Teilhabe, Nr. 3, S. 122–125.

Kreidenweis, Helmut/Wolff, Dietmar (2018): IT-Report für die Sozialwirtschaft 2018, Eichstätt.

Timm, Gerhard (2017): smart welfare – Chancen und Herausforderungen für die Wohlfahrtspflege, bagfw.de/fileadmin/user_upload/2017.../Doku/Timm_Vortrag.pdf (26. Oktober 2017).

Matthias Selle

Digitalisierung aus kommunaler Sicht: Praxis und Perspektiven

Die Digitalisierung war nicht plötzlich da und hat die Soziale Arbeit von heute auf morgen verändert, sondern sie ist in deren tägliche Praxis hineingewachsen. Dass sich damit Arbeitsprozesse, Handlungsparadigmen und Konzepte zum Teil massiv verändern, ist in den letzten Jahren deutlich geworden und auch an der Häufung entsprechender Veröffentlichungen und Tagungen ablesbar. So wie auf Industrie und Verwaltung, auf Handwerk und Forschung, so wie auf alle Lebens- und Arbeitsbereiche wirkt sich die Digitalisierung auf die Handlungsfelder der Sozialen Arbeit aus. Anhand ausgewählter Beispiele aus dem niedersächsischen Landkreis Osnabrück soll erläutert werden, welche Handlungsbedarfe und Entwicklungsperspektiven hieraus erwachsen.

In den folgenden Beispielen geht es nicht um E-Government im Sinne der Digitalisierung von Verwaltungsabläufen durch Verwaltungs- und Abrechnungssoftware in der Sozialverwaltung, sondern um neue – durch die Digitalisierung getriebene – Ansätze und Konzepte von Beratung und Unterstützung im Sinne einer digitalen Transformation. Dabei sind Instrumente der Digitalisierung grundsätzlich kein Ersatz für persönliche Beziehungen zwischen Klient/innen und Fachkräften, sondern als Ergänzung zu betrachten.

Der Landkreis Osnabrück liegt im Südwesten Niedersachsens. Mit 2.121 Quadratkilometern ist er der zweitgrößte Landkreis in Niedersachsen und etwa so groß wie das Saarland. Er besteht aus 34 Gemeinden, darunter acht Städte und vier Samtgemeinden in Größen zwischen unter 7.000 und mehr als 45.000 Einwohner/innen. Wegen der geografischen Ausmaße des Landkreises sind die Möglichkeiten der Digitalisierung der sozialen Arbeit besonders interessant. Im Landkreis Osnabrück werden zurzeit rund 15 „digitale Produkte“, also Leistungen, Applikationen und Ansätze, die über E-Government hinausgehen, in der Sozialen Arbeit eingesetzt bzw. vorbereitet. Im Folgenden werden einige Beispiele vorgestellt.

Beispiele aus der kommunalen Praxis

Messenger-Apps mit Wiki-Funktion für die Bereiche Pflegeberatung, Übergang Schule – Beruf und Kommunikation mit Geflüchteten

Die Apps dienen der Vereinfachung der Kommunikation, Interaktion und Wissensvermittlung zwischen der Kreisverwaltung und den Klient/innen. In der Nutzung erkennen die Klient/innen bekannte Bedienkonzepte der gängigen sozialen Medien wieder. Die

Apps haben eine Kommunikations- und eine Informationsebene. Klient/innen, die Apps nutzen, können untereinander und mit den Fachkräften der Kreisverwaltung kommunizieren. Eingebettet in der Wiki-Funktion sind qualifizierte und validierte Informationen und Links. In der App zur Pflegeberatung sind beispielsweise Gesetzesgrundlagen und Erklärfilme enthalten. Die Mitarbeiter/innen der Pflegeberatung können auf die App verweisen, und wiederkehrende Routinen, z.B. die Erläuterung des Systems der Pflegegrade, entfallen. Dadurch entsteht mehr „Qualitätszeit" für die eigentliche individuelle Beratung. Geflüchtete werden (auch in ihrer Sprache) mithilfe der App auf zu erledigende Termine etc. hingewiesen. Die Nutzerforen ermöglichen einen Austausch untereinander. Die Apps werden sukzessive ab Mai 2019 zum Einsatz gebracht. Die Instrumente werden evaluiert und ggf. perspektivisch auf andere soziale Arbeitsfelder skaliert.

Videosprechstunde in der Pflegeberatung via Echtzeitkommunikation (WebRTC)

Die Begutachtung des häuslichen Umfeldes Pflegebedürftiger wird durch die Möglichkeiten von Videoanalyse über Instrumente zur WebRTC wie Skype etc. optimiert. Die Beratungsfachkraft kann über den Einsatz dieser Technologie wertvolle Erkenntnisse zur Umgestaltung des häuslichen Umfeldes gewinnen und den Klient/innen diesbezüglich Hinweise geben. Ein persönliches Beratungsgespräch kann dann qualifizierter vorbereitet werden. Fahrzeiten und -kosten entfallen. Voraussetzung für die Technologie ist die Versorgung mit schnellem Internet. Perspektivisch können auch andere soziale Arbeitsfelder über den Einsatz von WebRTC verbessert werden.

Matthias Selle
ist Kreisrat, Dezernent für Soziales, Jugend und Bildung im Landkreis Osnabrück. E-Mail: Matthias.Selle@Lkos.de

Online-Elternkurs zur positiven Erziehung

Unter der Webadresse www.triplep-eltern.de/lkos erreichen Eltern das Webinar TripleP-Online (www.triplep.de), welches zurzeit vom Landkreis Osnabrück als Pilotprojekt in Deutschland eingesetzt wird. Die Website wird durch den Einsatz und die Finanzierung von Google-Adwords auch erreicht, wenn Eltern aus dem Landkreis Osnabrück (sie werden von Google geografisch über die IP-Adressen identifiziert) Schlüsselbegriffe wie „Elternberatung" oder „Schreikind" eingeben. Eltern können unabhängig von einem Termin in einer Beratungsstelle von zu Hause aus mit dem Smartphone bzw. dem PC ein Webinar zur Kindererziehung absolvieren. Sollten Eltern im Verlaufe des Seminars einen persönlichen Kontakt mit Fachkräften suchen, ist diese Möglichkeit in der Software implementiert und die Eltern werden an ein Team von Psycholog/innen vermittelt. Der Onlinekurs ist grundsätzlich kostenpflichtig, die Gebühren für die familienbezogenen Lizenzen werden durch eine Stiftung übernommen.

Digitale Familienberichterstattung

Im Zuge der voranschreitenden Digitalisierung soll auch das Monitoring des Landkreises Osnabrück in Zukunft möglichst digital in einem dynamischen und frei zugänglichen Online-Format erfolgen und auf umfangreiche analoge und starre Formate (Papier, PDF-Datei) weitgehend verzichten. Mit dem Familienbericht soll hier ein erster „Prototyp" entstehen. Der Keck-Atlas der Bertelsmann Stiftung (https://www.keck-atlas.de) wird als „Atlas Familiengerechtigkeit im Landkreis Osnabrück" digital umgesetzt.

Jugendpflege im Landkreis Osnabrück – Social Media und E-Partizipation

Im Rahmen der offenen Kinder- und Jugendarbeit verwenden die sozialpädagogischen Fachkräfte die aktuellen digitalen Messenger und auch verschiedene Social-Media-Plattformen, um mit den Jugendlichen in Kontakt zu treten, diese zu informieren und sich mit ihnen abzustimmen. Dabei passen sich die Fachkräfte der Jugendpflege immer wieder an die rasante Entwicklung der digitalen Kommunikation an, um die Jugendlichen in ihrer Lebenswelt zu erreichen. Durch die Kommunikation mit Messengern und Social-Media-Plattformen haben die Jugendlichen jederzeit die Möglichkeit, sich im Rahmen der Jugendpflege zu verschiedenen Anliegen zu äußern und die eigenen Interessen unkompliziert zu artikulieren. Oft bilden die digitalen Medien den Einstieg in die Kommunikation zwischen den sozialpädagogischen Fachkräften und den Jugendlichen. Sie prägen die aktuelle Lebenswelt der jungen Menschen, sodass hier der Einstieg in eine vertrauensvolle persönliche Beziehung und in zukünftige Hilfestellungen gefunden werden kann.

Videoübersetzung

Um mit Klient/innen ohne oder mit schlechten deutschen Sprachkenntnissen zu kommunizieren, setzt die Kreisverwaltung ein Übersetzungstool ein. Hierzu wird mittels Tablets eine audiovisuelle Verbindung zu einem Online-Übersetzungsservice hergestellt (https://www.ntw-software.com/de/startseite/produkte/individualentwicklungen/videodolmetschen). Dieser bedient sich zertifizierter Übersetzer/innen auf der ganzen Welt. Auf diese Weise werden Dolmetscherkosten minimiert und Ad-hoc-Übersetzungsleistungen ermöglicht.

Ehrenamtsbörse

Über die Website des Landkreises Osnabrück ist die Online-Ehrenamtsbörse für den Landkreis zu erreichen (https://www.landkreis-osnabrueck.de/gesundheit-soziales/soziales-hilfen/starkes-engagement-die-onlineboerse). Für Bürgerinnen und Bürger, die sich ehrenamtlich betätigen wollen und auf der Suche nach einer freien Stelle für einen Freiwilligeneinsatz sind, wurde die Online-Börse geschaffen. Einrichtungen wie Altenheime, Kindergärten, Krankenhäuser oder Schulen ebenso wie Vereine und Verbände können ihre Angebote rund um das Ehrenamt, für Praktika oder das Freiwillige Soziale Jahr selbstständig einstellen.

Digitalisierung der Bildung – Schwerpunktthema 2019 ff.

Die Digitalisierung der Bildung ist in den kommenden Jahren ein strategischer Schwerpunkt des Landkreises Osnabrück. Mit dem Ausbau von Infrastruktur und Ausstattung sowie insbesondere mit der Betreuung und Modifikation von Lern- und Bildungsangeboten wird der Landkreis deutliche Akzente setzen. Intensiv diskutiert wurde dies im Rahmen des jüngsten Strategieworkshops mit den Abgeordneten des Kreistages sowie den Führungskräften der Kreisverwaltung. Als Gastreferent und Impulsgeber konnte mit Professor Wassilios Fthenakis einer der renommiertesten Wissenschaftler im Bereich Bildung und Digitalisierung gewonnen werden. Im Mittelpunkt seines Vortrages stand die Veränderung der Bildungssysteme. Fthenakis machte deutlich, dass Bildung nicht mehr bloße Wissensvermittlung ist, sondern vielmehr die Stärkung und Entwicklung von Kompetenzen fokussieren muss. Hierbei komme der Digitalisierung eine enorme Bedeutung zu, da sich neben den Inhalten auch die Art der Bildungsvermittlung verändere.

Rahmenbedingungen, Handlungsbedarfe und Perspektiven

In der Kreisverwaltung des Landkreises Osnabrück wurde im Jahr 2017 eine „Koordinierungsgruppe Digitalisierung" eingerichtet, die rund sechsmal jährlich tagt. Diese Koordinierungsgruppe diskutiert unter der Leitung des Landrats ressortübergreifend sämtliche Themen im Kontext von Digitalisierung und E-Government. Auch Vertretungen der kreisangehörigen Kommunen sind Mitglieder in dieser Arbeitsgruppe. Aktuell wurde die Schaffung eines gemeinsamen Portalverbundes vereinbart. Es wird angestrebt, dass Verwaltungsleistungen des Landkreises auch über die Websites der kreisangehörigen Kommunen erreicht werden können. Auch die sozialen Dienstleistungen und Beratungsangebote des Landkreises sollen digital und persönlich in den Familienservicebüros der kreisangehörigen Kommunen verfügbar sein (https://www.landkreis-osnabrueck.de/bildung-soziales/kinder-jugend-familie/kindertagesbetreuung).

Die Digitalisierung ermöglicht die Schaffung sogenannter Co-Working-Spaces. Innerhalb der Kreisverwaltung wird derzeit über die Einrichtung solcher dezentralen und interdisziplinär ausgerichteten Arbeitsräume nachgedacht. Das Thema Digitalisierung wird regelmäßig in den Leitungsgremien der Kreisverwaltung diskutiert. Digitale Ansätze und Lösungen werden bei Organisationsentscheidungen und der Entwicklung neuer bzw. der Weiterentwicklung bestehender Beratung- und Dienstleistungsangebote prinzipiell mitgedacht.

Das Personal und vor allem ältere Mitarbeiterinnen und Mitarbeiter müssen bei der Digitalisierung „mitgenommen" werden. Widerstände gegen neue Technologien bzw. Arbeitsweisen im Sinne der digitalen Transformation gibt es häufig. Daher bedarf es einer sensiblen und adressatengerechten Fort- und Weiterbildung des Fachpersonals. Der Sinn neuer digitaler Ansätze sollte den Fachkräften genauso vermittelt werden, wie Ängste vor dem Einsatz digitaler Instrumente ernst genommen werden müssen.

Auf folgende Aspekte sollte im Management der Digitalisierung innerhalb der Kommunen und Organisationen geachtet werden:

- Organisation und Beratung aus einer Hand durch Schaffung einer zentralen Organisationseinheit „Digitalisierung" und Koordination durch ein Netzwerk der Fachbereiche. Die linke Hand muss wissen, was die rechte tut.

- Software und Applikationen sollten möglichst standardisiert werden, um den Wartungs- und Schulungsaufwand zu verringern.

- Technik und Support müssen einwandfrei funktionieren. Andernsfalls ist mit einer Abkehr von digitalen zurück zu analogen Lösungen zu rechnen.

- Die Perspektive der Nutzerinnen und Nutzer sollten im Sinne von Design-Thinking und User Experience bei der Planung, Entwicklung und Umsetzung digitaler Lösungen berücksichtigt werden.

> Mit Blick auf den einsetzenden Fachkräftemangel im sozialen Sektor, aber z.B. auch bei der Schaffung neuer Lösung zur Partizipation werden digitale Lösungen immer wichtiger. Sie dienen der Entlastung der Fachkräfte, der Ergänzung der Dienstleistungen, der Schaffung neuer und effizienter Angebotsformen. Da die Digitalisierung unaufhaltsam voranschreitet, sind die sozialen Arbeitsfelder gut beraten, sie konstruktiv zu begleiten.

Eva M. Welskop-Deffaa

Freie Wohlfahrtspflege in der Plattformökonomie: Seismografin, Solidaritätsstifterin, strategische Herausforderungen

Die digitale Transformation führt in allen Lebensbereichen, Berufen und Branchen zu tiefgreifenden Veränderungen. Aus der Perspektive der Sozialen Arbeit stellen die Algorithmisierung der Entscheidungen, die Hybridisierung des Sozialraums und die Plattformisierung der Arbeits- und Leistungsbeziehungen Herausforderungen dar, die strategischer Antworten bedürfen. Für die Freie Wohlfahrtspflege bringt insbesondere die Plattformökonomie Dynamiken mit sich, die das Konzept der wohlfahrtsverbandlichen Leistungserbringung insgesamt infrage stellen könnten.

Wohlfahrtspflege – Konzept und Transformation

Die soziale Dienstleistungserbringung wird durch die digitale Transformation tiefgreifend verändert. Auch wenn sich in Deutschland beim Stichwort Digitalisierung das Augenmerk der politischen Öffentlichkeit bis vor Kurzem vor allem auf die „Industrie 4.0" richtete, ist längst unübersehbar, dass sich die größten Disruptionen im Bereich der Dienstleistungen vollziehen (Welskop-Deffaa 2017, 28). Logistik, Handel, Banken und Gesundheitswesen sind jene Branchen, in denen die Algorithmisierung von Entscheidungen, die Roboterisierung der Arbeit und die Hybridisierung der Sozialräume besondere Dynamik entfalten. Die Arbeit, die der Computer ersetzen kann, die Aufgaben, die durch Roboter unterstützt werden, und die Mensch-Maschine-Beziehung, die sich in die personennahen Dienste „einmischt", erfordern erhebliche Anpassungen in den Berufsprofilen, in den Aus- und Weiterbildungscurricula, in der Organisation der Arbeit und in der Übersetzung zwischen den Reaktionen von Maschinen und Menschen.

All diese Herausforderungen entstehen bei Trägern sozialer Dienstleistungsangebote ganz unabhängig von ihrer Rechtsform und unabhängig davon, ob sie als Teil der Freien Wohlfahrtspflege oder privatgewerblich strukturiert sind. Die Fragen, ob eine neue elektronische Pflegedokumentation eingeführt oder die Zusammenarbeit mit einem Carsharing-Anbieter gesucht werden soll, sind – ebenso wie die Entscheidung, ob Exoskelette zum Einsatz kommen oder mit Wearables der Alltag dementer älterer Menschen unterstützt werden soll – in einer Einrichtung eines Wohlfahrtsverbandes nicht wesentlich anders zu beantworten als im Betrieb eines privaten Gesundheitskonzerns.

Die Plattformisierung der Arbeits- und Leistungsbeziehungen, die Entstehung einer „Plattformökonomie", allerdings fordert die Freie Wohlfahrtspflege in anderer Weise heraus als die privaten Anbieter auf den sozialen Dienstleistungsmärkten. Sie ist eine Anfrage an die Ordnung des Sozialen insgesamt und erfordert daher in besonderer Weise strategische Antworten und Verständigungen: Freie Wohlfahrtspflege – was ist das und was soll es in Zukunft sein?

Schon auf den ersten Teil der Frage ist die Antwort nicht leicht. Oft findet man Verweise auf das Fachlexikon der Sozialen Arbeit (Deutscher Verein 2017), Definitionen also, die sich auf die „Dienste und Einrichtungen" beziehen, welche sich in freigemeinnütziger Trägerschaft befinden und sich in organisierter Form im sozialen Bereich und im Gesundheitswesen betätigen. Unabhängigkeit auf der einen Seite und partnerschaftliche Zusammenarbeit mit den öffentlichen Sozialleistungsträgern auf der anderen Seite konkretisieren dann die Rolle der Wohlfahrtsverbände im Sozialstaat, die durch das Subsidiaritätsprinzip geprägt wird. Es geht um „Zusammenarbeit der öffentlichen und der freien Träger", die am Wohl der Hilfesuchenden ausgerichtet ist. Wohlfahrtsverbände sind – kurz gefasst – durch ihre selbstlose Tätigkeit charakterisiert: Sie verfolgen mit ihren Einrichtungen nicht in erster Linie eigenwirtschaftliche Zwecke.

Eva M. Welskop-Deffaa, Diplom-Volkswirtin (Univ.), ist Vorstand Sozial- und Fachpolitik des Deutschen Caritasverbandes, Freiburg/ Berlin. E-Mail: eva.welskop-deffaa@caritas.de

Auch wenn Beschreibungen dieser Art verbreitet sind, sind sie doch nur ungenügend geeignet, jene Besonderheit der Wohlfahrtspflege zu beschreiben, die durch die Plattformisierung sozialer Dienstleistungen besonders infrage gestellt wird. Denn die zitierten Beschreibungen orientieren sich wesentlich an der Eigenschaft der Wohlfahrtsverbände, Anbieter sozialer Dienstleistungen zu sein, Anbieter ohne Gewinnerzielungsabsicht. Wer die wohlfahrtsverbandliche Arbeit und ihren Selbstanspruch auf diese Funktion reduziert, wird keinen Anlass haben, die Plattformisierung Sozialer Arbeit für die Wohlfahrtsverbände unter anderen Vorzeichen zu diskutieren als für die privaten Dienstleister. Tatsächlich aber geht der Anspruch der Wohlfahrtsverbände an ihr Tun über die Erbringung sozialer Dienstleistungen hinaus. Wohlfahrtsverbände sind

> „multifunktionale Gebilde, die mehrere Funktionen gleichzeitig erfüllen. Sie sind erstens soziale Dienstleister im Kranken-, Behinderten-, Alten- und Jugendhilfebereich, zweitens verstehen sie sich als sozialanwaltschaftliche Interessenvertreter für benachteiligte Bevölkerungsgruppen und sind schließlich drittens wertgebundene Organisationen, die eine normativ-programmatische ‚Mission' verfolgen und die sowohl in ihren Einrichtungen und Diensten als auch in ihren Vereinsstrukturen Bürgerinnen und Bürgern die Gelegenheit bieten (wollen), sich freiwillig und gemeinwohlorientiert zu engagieren" (Olk 2007, 33).

Seit ihren Anfängen sind in den Wohlfahrtsverbänden alle drei Dimensionen eng miteinander verschränkt, seit der in den 1990er-Jahren forcierten Ökonomisierung der sozialen Dienstleistungen allerdings wird der innere Zusammenhang der drei Aspekte schwerer vermittelbar und öffentlich immer häufiger in Zweifel gezogen. Die gehässige Rede von der „Arbeitslosenindustrie" der Wohlfahrtspflege oder von der „Sozialmafia" ist nur die Spitze des Eisbergs politischer Verunsicherung darüber, wie sich die Anwaltsfunktion der Wohlfahrtsverbände zu ihrer Dienstleistungsfunktion verhält, wie sie hergestellt wird, wo ihre Grenzen liegen und was die Wohlfahrtsverbände zu advokatorischem Handeln legitimiert (Messan 2019, 22).

Es kann an dieser Stelle die (anstehende Grundsatz-)Debatte über Wohlfahrtsverbände als sozialstaatliche Institutionen sui generis nicht geleistet werden (neben Messan 2019 ist der Tagungsband von Heinze u.a. 2018 ein spannender Beitrag zu dieser Debatte). Abbildung 1 soll aber immerhin das Spannungsdreieck kompakt skizzieren, das die Arbeit der Wohlfahrtsverbände konstituiert und das mit der Plattform(ökonom)isierung Sozialer Arbeit aus dem Gleichgewicht zu geraten droht.

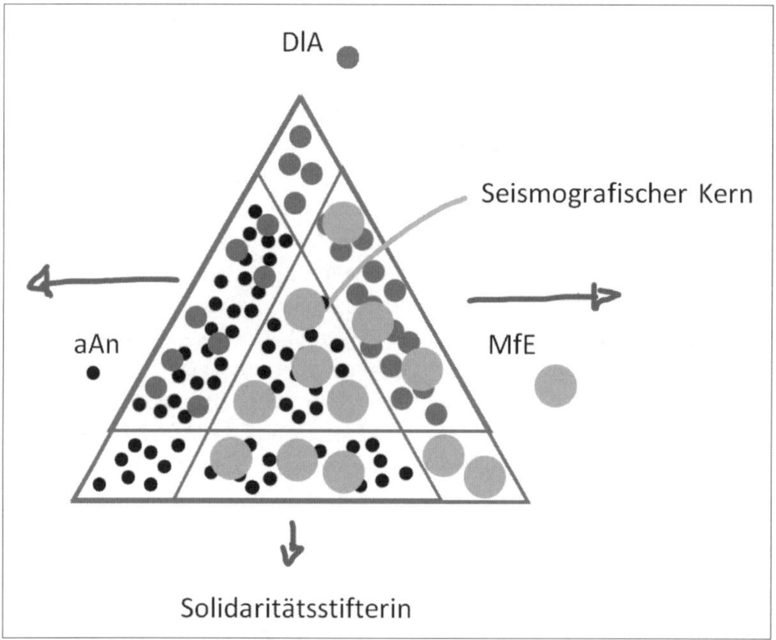

Abb. 1: Das Spannungsdreieck des Wohlfahrtsverbandes

Wohlfahrtsverbände sind Anbieter sozialer Dienste (DIA), sie sind Möglichkeitsraum freiwilligen Engagements (MfE) und sie vertreten zugleich als Anwältinnen advokatorisch (aAn) die Interessen derer, die (als vulnerable Gruppen) ihre Interessen nicht selbst vertreten können. Dabei markieren die Schnittflächen der sich überlagernden Dreiecke die Schnittmengen der drei Funktionen in der wohlfahrtsverbandlichen Arbeit und damit die besondere Chance, die darin besteht, dass im Wohlfahrtsverband alle drei Dimensionen zusammen gedacht und gelebt werden.

Sozialer Dienstleister und Möglichkeitsraum für ehrenamtliches Engagement zugleich zu sein, bedeutet: den Ideen (junger) Weltverbesserer in den Einrichtungen z.B. der Caritas Gestaltungsräume zur Verfügung zu stellen, in denen ihre Vorhaben Wirkungsmacht entfalten. Soziale Dienstleistungsfunktion und Anwaltschaftlichkeit institutionell zu verschränken schafft darüber hinaus strukturelle Möglichkeiten, Ansprüche der Hilfebedürftigen, die in den Beratungsstellen und Eichrichtungen der Wohlfahrtsverbände „aufschlagen", perspektivisch abzusichern: Bedarfe werden in Rechtsansprüche transformiert und die Finanzierung der sozialen Hilfsangebote wird verstetigt. Anwaltschaftlichkeit und freiwilliges Engagement schließlich eröffnen gemeinsam einen Energieraum, der vom Empowerment der Betroffenen über im Verband beheimatete Selbsthilfeaktivitäten bis zur politischen Arbeit der Ehrenamtlichen für die Belange der Hilfebedürftigen ein weites Spektrum advokatorischen Handelns umfasst.

Diese gegenseitigen Bezüge und Verwebungen müssen aktiv befördert und immer wieder neu explizit sichtbar gemacht werden! In ihnen zeigt sich, dass und wie die Verschränkung der drei Dimensionen im institutionellen Konstrukt des Wohlfahrtsverbandes einen Mehrwert darstellt, der über ein Nebeneinander von sozialer Dienstleistung, anwaltschaftlicher Interessenvertretung und Förderung des Ehrenamts in unterschiedlichen Organisationen und sozialen Aktionsräumen weit hinausreicht.

Entscheidend für die Einschätzung des sozialen Mehrwerts der Institution des Wohlfahrtsverbandes ist vor allem der Blick auf das „Herz" des wohlfahrtsverbandlichen Spannungsdreiecks: Im Wohlfahrtsverband werden Erfahrungen, die in den Einrichtungen und Diensten mit den Nöten der dort Rat- und Hilfesuchenden gesammelt werden, mit den Erfahrungen anwaltschaftlich-sozialpolitischen Tuns und denen der ehrenamtlich-zivilgesellschaftlichen Aktivitäten zusammengeführt und bewertet. Auf diese Weise entsteht eine einmalige seismografische Kompetenz, die die Wohlfahrtsverbände zur „wichtigen Säule des gesellschaftlichen Zusammenhalts" (Ceylan/Kiefer 2017, 1) macht – zu einem „Gerüst der sozialen Infrastruktur" (BAGFW 2017, 1), das in hohem Maße geeignet ist, Stabilität, Solidarität und Gleichwertigkeit der Lebensverhältnisse im deutschen Sozialstaatsmodell zu gewährleisten. Gesellschaftlich Solidaritätsstifter zu sein, lösen die Wohlfahrtsverbände dadurch ein, dass sie ihre drei Funktionen kunstvoll verbinden und immer wieder neu befruchtend aufeinander beziehen.

Der historische Rahmen, in dem die Institution des Wohlfahrtsverbandes sich zur kraftvollen Seismografin sozialer Notlagen entwickeln und als Solidaritätsstifterin segensreich entfalten konnte, wird in der Regel als Korporatismus bezeichnet. In der spezifisch deutschen Form verhilft er denen, die vom Schicksal an den Rand gedrängt und von der Gesellschaft ausgegrenzt werden, zu einer organisierten Stimme – gegen Entsolidarisierungstendenzen und Egoismen einer ansonsten marktwirtschaftlichen Ordnung. Dabei stellt das Konzept des Wohlfahrtsverbandes hohe Anforderungen an die Selbstreflexivität der Verbände. Sie müssen der Versuchung, (stellvertretend fürsorglich-advokatorisch) sprechen zu wollen, immer dann widerstehen, wenn und wo diejenigen, um deren vernachlässigte Interessen es geht, ihre Interessen selbst vertreten könn(t)en.

Responsivität und Partizipation müssen Ansprüche der Wohlfahrtsverbände an ihr eigenes Tun sein – neben Wirksamkeit und Effizienz, jenen zwei Maßstäben, an denen ihr Handeln seit der Vermarktlichung vieler sozialer Dienstleistungen gerade im Bereich des Gesundheitswesens und der Altenhilfe im Vergleich zum Handeln privater Dienstleister typischerweise gemessen wird. Nicht selten wird dabei der Dienstleistungsbereich aus dem Spannungsdreieck wohlfahrtsverbandlichen Tuns gedanklich herausgelöst und damit die Besonderheit der Freien Wohlfahrtspflege bei der Abschätzung ihrer Wirksamkeit missachtet – eine Entwicklung, die bezüglich der Plattformisierungswirkungen auf das Profil der Verbände Sorgen durchaus begründet.

Plattformökonomie – Dynamik und Effekte

Was mit der Vermarktlichung sozialer Dienstleistungen als Herausforderung für die Wohlfahrtsverbände Spuren im Selbstverständnis und in der öffentlichen Zuschreibung bereits hinterlassen hat, droht sich mit der Plattformisierung sozialer Dienstleistungsmärkte zu beschleunigen: Der innere Zusammenhang der sozialen Dienstleistungs-, der advokatorischen Anwalts- und der zivilgesellschaftlichen Ermöglichungsfunktion der Wohlfahrtsverbände könnte in einer Umgebung, in der für alle drei Bereiche in der Plattformwelt je eigene Logiken zur Geltung gebracht würden, nicht mehr ausreichend her- und dargestellt werden. Die Wohlfahrtsverbände zerfielen in drei selbstständige Segmente, sodass sie als Institution sui generis nicht mehr wirksam werden könnten.

Um zu verstehen, warum die Plattformisierung – unreguliert – diesen Effekt haben könnte, ist es notwendig, sich mit dem Phänomen der Online-Plattformen und ihrer Dynamiken intensiver zu beschäftigen (die Konjunktur des Plattformbegriffs, mit dem aktuell ganz verschiedene internetbasierte Formate bezeichnet werden, erklärt brillant Gilliespie 2017). Fast jedes elektronische Geschäftsmodell nimmt für sich in Anspruch, eine „Plattform" zu sein (Maier 2017, 1). Im engeren Sinne sind Plattformen aber Geschäftsmodelle, die sich nicht auf das Management einer Wertschöpfungskette, sondern auf die Verknüpfung von Marktakteuren spezialisieren. Ihren Ursprung haben sie „in Bereichen mit fragmentiertem und unübersichtlichem Angebot (z.B. freie Plätze in Restaurants, Ferienwohnungen) oder Nachfrage (z.B. potentielle Restaurantbesucher oder Feriengäste). Plattformen bringen Angebot und Nachfrage so zusammen, dass diese frei interagieren" können. Damit lassen sie sich von traditionellen Handelsformen abgrenzen (sogenannten „Pipelines"), „die eine Seite der Wertschöpfungskette komplett steuern" (Maier 2017, 1).

Online-Plattformen vermitteln Anbietern von Leistungen und ihren (potenziellen) Nutzer/innen geografisch und zeitlich unabhängigen Kontakt, erhöhen die digitale Sichtbarkeit von Leistungen und Angeboten und haben (in den letzten Jahren) die Macht (gehabt), den jeweils relevanten Markt neu abzugrenzen und seine Marktregeln dominant selbst zu gestalten. Ein kontinuierlich zu verbessernder Algorithmus, der den Kern des Geschäftsmodells darstellt, führt zu einem aus Kundensicht optimalen Matching von Bedürfnissen und Angeboten, filtert die zur Verfügung stehenden Informationen passgenau und steuert (auf der Basis ausgewerteter Prozess- und Kundendaten) die Plattform. Die durch Online-Plattformen geschaffene komfortable Möglichkeit, Nachfrage vom heimischen Computer aus oder – immer häufiger – vom Smartphone von überall her zu artikulieren, Wünschen Ausdruck zu verleihen und Bestellungen aufzugeben, verändert die Erwartungen an Dienstleister und das Verhalten der Nutzer/innen tiefgreifend und schafft neue Märkte – disruptiv und nicht selten zulasten traditioneller Märkte (Beispiele: Flixbus, airbnb). Bis vor Kurzem war es unvorstellbar: Wir besteigen die Autos von Fremden, anstatt ein Taxi zu buchen, dessen Fahrer/in zuvor eine schwere Ortskundeprüfung absolviert hat; wir heißen Fremde in unseren Zimmern willkommen, die früher ein Hotelzimmer hätten buchen müssen; wir lassen unsere Hunde in der Obhut uns fremder Menschen zurück, ohne nach tierärztlichen Zertifikaten zu verlangen. Wir verleihen unsere Autos und unsere Elektrowerkzeuge, vertrauen völlig Unbekannten unsere wertvollsten Besitztümer und unsere privatesten Erfahrungen an – praktisch unser ganzes Leben – und tragen damit dazu bei, dass Plattformen gesellschaftlich und ökonomisch erhebliche Macht zuwächst.

Erst schrittweise steigt die Sensibilität für die Daten, die wir über Plattformen preisgeben, erst langsam werden Regulierungsnotwendigkeiten und -möglichkeiten erkannt (zum Beispiel mit der zum 1. Januar 2019 in Kraft getretenen umsatzsteuerrechtlichen Haftung von Online-Plattformen für die über sie tätigen Händler, vgl. Riedel/Kolf 2018). Wenn Plattformen den Markt für soziale Dienstleistungen in Deutschland erobern würden, würden sich – die skizzierten Trends fortführend – nicht nur die Konditionen der gemeinnützigen Anbieter sozialer Dienstleister grundlegend verändern; mit dem so sich vollziehenden Herausbrechen der sozialen Dienstleistungen aus dem Spannungsdreieck des Wohlfahrtsverbandes würden sich die Grundkoordinaten wohlfahrtsverbandlicher Arbeit insgesamt verschieben.

Darüber hinaus gilt: Auch Beschäftigung wird zunehmend über Plattformen vermittelt. Mechanical Turk war der Vorreiter einer Entwicklung, die Online-Plattformen in Europa als für Beschäftigte ebenso wie für Auftraggeber attraktive Organisation des Ausgleichs von Angebot und Nachfrage nach Arbeit erscheinen lässt (Pensole u.a. 2018, 3). Anstelle des Arbeitsrechts regelt das allgemeine Vertragsrecht die Austauschbeziehung; neue Formen der Selbstständigkeit („freelancer") entstehen und es entwickeln sich hybride Erwerbsverläufe, in denen abhängige Arbeit im Betrieb und selbstständige Beschäftigung über eine Plattform sich virtuos kombinieren lassen (Welskop-Deffaa 2018a, 107).

Die Forschungserkenntnisse der noch jungen Plattformökonomie deuten darauf hin, dass Plattformmärkte dazu tendieren, aufgrund von Netzwerk-, Skalen- oder Lock-in-Effekten natürliche Monopole zu bilden. Es wird die These vertreten, dass die Ausbreitung digitaler Plattformen zu einer „Hierarchisierung der Struktur von Dienstleistungsmärkten führt, bei der selbstständige, kleine und mittlere Dienstleistungsunternehmen in Abhängigkeit geraten und sich der algorithmischen Steuerung durch Plattformen unterwerfen müssen" (Piétron 2018, 2).

Damit stellt sich einerseits die Frage, wie nutzerorientierte Plattformlösungen für die Angebote der Wohlfahrtsverbände aussehen könnten und müssten, um den Anspruch, „nah am Nächsten" zu sein, auch in der digitalen Welt einlösen zu können. Andererseits wächst die Sorge, es könnten von Dritten (vielleicht sogar von den digitalen Pionieren des Silicon Valley) Plattformen für soziale Dienstleistungen in Deutschland gestaltet werden, die wichtige Elemente sozialer Dienstleistungsangebote der Wohlfahrtsverbände durch Neudefinition relevanter Märkte schlicht überrollen. Das könnte in einer Art und Weise geschehen, die die Datensouveränität der Nutzer und Nutzerinnen womöglich umfassend beeinträchtigt. Da das Geschäftsmodell von Online-Plattformen auf der Verwertung von Daten beruht und die Möglichkeiten, die eigenen Daten zu schützen, tendenziell mit der sozialen Teilhabe korrelieren, könnten gerade für arme und benachteiligte Hilfe- und Ratsuchende prekäre Datensicherheitslücken entstehen, die zur Verteufelskreisung von Notlagen im Lebenslauf weiter beitragen könnten (Welskop-Deffaa 2018b, 10).

Die Notwendigkeit, die Geschäftspraktiken, Erfolgsbedingungen und Strategien von Plattformen für soziale Dienstleistungen intensiv zu beobachten, ist als Aufgabe der Freien Wohlfahrtspflege daher umfassend gegeben. Sowohl innerhalb der einzelnen Verbände als auch in den Gremien der Bundesarbeitsgemeinschaft der Freien Wohlfahrtspflege (BAGFW) steht die Frage nach einer geeigneten Plattform-Strategie der Freien Wohlfahrtspflege auf der Tagesordnung.[1]

Die bisherigen Beratungen lassen erste Schlüsse zu:

(1) Vertrauen ist ein hohes Gut in der Welt sozialer Dienstleistungen. Dieses Gut wurde und wird bislang durch eine umfassende Regulierung der sozialen Dienstleistungsmärkte (gerade derer, bei denen die Leistungen von Sozialversicherungen oder öffentlichen Haushalten refinanziert werden) gesichert. In der Plattformwelt substituieren und ergänzen Transparenz und Nutzerbewertungsmöglichkeiten die Regulierungskultur – mit erheblichen Kulturveränderungspotenzialen.

1 Die Delegiertenversammlung des Deutschen Caritasverbandes (DCV) hat im Herbst 2018 den Vorstand des DCV aufgefordert, eine Expertengruppe einzurichten, um die Digitale Agenda des Verbandes zu begleiten und den Vorstand insbesondere in Bezug auf „Plattformlösungen" zu beraten. Die Mitgliederversammlung der BAGFW hat im Dezember 2018 der Geschäftsstelle der BAGFW den Auftrag erteilt, zur Frage von Plattformen für gemeinnützige soziale Dienstleistungen gemeinsam mit den Mitgliedsverbänden eine Beratungsvorlage zu erstellen.

(2) Die meisten denkbaren Plattform-Optionen, die die Erreichbarkeit von Dienstleistungen der Wohlfahrtsverbände im Internet erhöhen, erfordern zwingend eine „Plattform-Readiness" der Träger: Dies umfasst die Digitalisierung der zugrunde liegenden Prozesse (Buchung, Bezahlung ...) ebenso wie die Bereitschaft zur Standardisierung von Prozessen und zum Daten- und Ressourcenpooling. Die sozialen Dienstleistungen der Wohlfahrtsverbände müssen umfassend aus der Nutzer/innenperspektive und als Prozess betrachtet werden. Eine Fokussierung von Plattformüberlegungen auf die Informations- und Buchungsphase würde zu kurz springen.

(3) Erreichbarkeit im Sozialraum bleibt auch im digitalen Zeitalter Erreichbarkeit im analogen sozialen Raum. Digitale (grenzenlose) Erreichbarkeit und reale Nachbarschaft mit ihren lokalen Netzwerken ergänzen sich. Die Gestaltung von Erreichbarkeit im Netz muss beide Facetten berücksichtigen und verbinden (Kaczorowski/Swarat 2018, 167, stellen interessante „Stadtgesellschafts"-Konzepte vor, die auf die Aufgabe der Kommune fokussiert sind, sich aber leicht auf die Herausforderungen der Freien Wohlfahrtspflege übertragen lassen).

(4) Öffentliche Hände (Kommunen, Bundes- und Landesministerien) haben ebenso wie Parafisci (intermediäre Institutionen zwischen privatem und öffentlichem Bereich) in den letzten Jahren im Rahmen der EGovernementisierung der öffentlichen Verwaltung erhebliche Energien in die Entwicklung von Portalen und Plattformen investiert – sie reichen von Kita-Buchungsplattformen über Altenhilfeportale einzelner Kommunen bis zu Pflege-Navigationsportalen von Krankenkassen. Vielen dieser Angebote ist gemeinsam, dass ihre Träger zumindest im Kern daran interessiert sind, den Sozialstaat in der digitalen Transformation in seinen Grundfesten zu erhalten (solidarische Finanzierung sozialer Dienstleistungen, flächendeckende soziale Infrastruktur ...). Es könnte für die Wohlfahrtsverbände entscheidend sein, mit ihren bewährten Partnern aus der analogen Welt (das sind die öffentlichen Hände und die Sozialversicherungen) über abgestimmte Plattformstrategien zeitnah zu verhandeln, um gemeinsame Vorstellungen von Rollenteilung und Regulierung in der Plattformwelt zu erzielen.

Antworten in der digitalen Transformation – Strategien und Partner

Die Frage, wer mit wem die Richtungsentscheidungen für die Wohlfahrtsverbände in der Plattformwelt treffen wird, ist nicht leicht zu beantworten. Auf der einen Seite stehen die Wohlfahrtsverbände unter kritischer Beobachtung ihrer Mitglieder. Sie trauen ihnen – im Angesicht der von der Plattformökonomik analysierten Dynamiken – nicht durchgängig zu, die Zukunft gemeinnütziger sozialer Dienstleistungserbringung in der digitalen Transformation angemessen zu gestalten. Daneben hat die Ökonomisierung der sozialen Leistungserbringung die öffentlichen Hände entwöhnt, strategische Entscheidungen für die soziale Infrastruktur partnerschaftlich gemeinsam mit den Wohlfahrtsverbänden vorzubereiten. Plattform-Vorhaben (Kita-Buchungsplattform etc.) wurden nicht selten ohne aktive Einbeziehung der gemeinnützigen Leistungserbringer und ohne eine mit den Wohlfahrtsverbänden partnerschaftlich gestaltete Konzeption vorangetrieben.

Unter den skizzierten Umständen kann die Beantwortung der strategischen Fragen zur Digitalisierung des Sozialen nur gelingen, wenn sich die Wohlfahrtsverbände (auch gemeinsam in der BAGFW) zeitnah und intensiv mit den Fragen der Plattformökonomie befassen. Das vom Bundesfamilienministerium (BMFSFJ) dazu für das Jahr 2019 erstmals aufgelegte Förderprogramm zur „Organisationsentwicklung der Freien Wohlfahrtspflege unter den Vorzeichen der Digitalisierung" ist dazu Impuls (und bescheidene finanzielle Unterstützung). Diese Ansätze auszubauen und – allen historisch gewachsenen Unterschieden zum Trotz – gemeinsam nach Governance-Antworten zu suchen, die es den Wohlfahrtsverbänden ermöglichen, gemeinsam mit ihren öffentlichen Partnern Erreichbarkeit im hybriden Sozialraum über passende Plattformangebote zu gestalten, ist die einzige erfolgversprechende Strategie. Dabei sollte über die BAGFW hinaus das Gespräch mit den kommunalen Spitzenverbänden gesucht und der Deutsche Verein als Austauschforum genutzt werden.

Literatur

BAGFW – Bundesarbeitsgemeinschaft der Freien Wohlfahrtspflege (2017): Digitale Transformation und gesellschaftlicher Zusammenhalt – Organisationsentwicklung der Freien Wohlfahrtspflege unter den Vorzeichen der Digitalisierung. Gemeinsame Erklärung von BAGFW und BMFSFJ vom 7.9.2017, www.bagfw.de (2. Februar 2019).

Ceylan, R./Kiefer, M. (Hrsg.) (2017): Ökonomisierung und Säkularisierung, Neue Herausforderungen der konfessionellen Wohlfahrtspflege in Deutschland, Wiesbaden.

Deutscher Verein für öffentliche und private Fürsorge e.V. (Hrsg.): Fachlexikon der Sozialen Arbeit, 8. Aufl., Baden-Baden 2017.

Gillespie, T. (2017): The platform metaphor, revisited, in: encore. the annual magazine on internet and society research, volume 2017, S. 12–18.

Heinze, R. G./Lange, J./Sesselmeier, W. (2018): Neue Governancestrukturen in der Wohlfahrtspflege, Baden-Baden.

Kaczorowski, W./Swarat, G. (2018): Smartes Land – von der Smart City zur Digitalen Region. Impulse für die Digitalisierung ländlicher Räume, Glückstadt.

Maier, E. (2017): Was sind Plattformen?, Handels.blog, 30.5.2017 (2. Februar 2019).

Messan, M. (2019): Die Anwaltsfunktion der freien Wohlfahrtspflege. Über den Begriff und die empirische Tragweite im aktivierenden Sozialstaat, Weinheim/Basel.

Olk, T. (2007): Zwischen Sozialmarkt und Bürgergesellschaft – Die Wohlfahrtsverbände im expandierenden Sozialstaat, in: Hering, S. (Hrsg.): Bürgerschaftlichkeit und Professionalität. Wirklichkeit und Zukunftsperspektive Sozialer Arbeit, Wiesbaden, S. 33–40.

Pensole, A./Brancati, U./Fernández-Macia, M. C./Biagi, F./ González Vázquez, I. (2018): Platform Workers in Europe, Luxembourg.

Piétron, D. (2018): Aufstieg der Plattformökonomie. Marktmacht und neue Abhängigkeiten auf digitalen Dienstleistungsmärkten. Unveröffentlichte Masterarbeit, Leipzig.

Riedel, D./Kolf, F. (2018): Amazon und Ebay haften ab 2019 für die Steuerzahlung ihrer Händler, in: Handelsblatt 26.6.2018, www.handelsblatt.com (2. Februar 2019).

Welskop-Deffaa, E. (2017): Not sehen und handeln 4.0, in: Deutscher Caritasverband (Hrsg.): neue caritas Jahrbuch 2018, Freiburg, S. 28–31.

Welskop-Deffaa, E. (2018a): Erwerbsverläufe digitaler Nomaden. Hybridisierung der Beschäftigungsmuster in der digitalen Transformation, in: Bührmann, A. E./Fachinger, U./ Welskop-Deffaa, E. (Hrsg.): Hybride Erwerbsformen, Wiesbaden, S. 107–129.

Welskop-Deffaa, E. (2018b): Wider die Verteufelskreisung. Auflehnung gegen Armut und Ausgrenzung, in: Einblicke. Journal der Katholischen Hochschule für Sozialwesen Berlin, S. 4–11, www.khsb-berlin.de (2. Februar 2019).

Welskop-Deffaa, E. (2019): Der digitale Elefant, in: Herder Korrespondenz 2, S. 49–51.

Volker Rebhan

Digitale Transformation der Sozialverwaltung: die nutzerzentrierte Entwicklung von Online-Angeboten der Jobcenter

Die Bundesagentur für Arbeit (BA) ist seit vielen Jahren einer der Vorreiter im Bereich der digitalen Verwaltung in Deutschland. So wird auch seit Jahren die digitale Transformation der Sozialverwaltung in den Jobcentern vorangetrieben. Dieser Beitrag beleuchtet die Rahmenbedingungen digitaler Verwaltung in Deutschland, gibt einen Überblick über die nutzerzentrierte Entwicklung des digitalen Serviceangebots für die Jobcenter sowie einen Ausblick auf die kommenden Entwicklungen und weist auf wesentliche Erfolgsfaktoren zu einer Steigerung der Nutzung und Zufriedenheit durch Kundinnen und Kunden, aber auch durch Mitarbeiterinnen und Mitarbeiterin den Jobcentern hin.

Rahmenbedingungen digitaler Verwaltung in Deutschland

Seit vielen Jahren werden vor allem die Kernprozesse der Arbeitsagenturen und Familienkassen neben dem persönlichen Kontakt durch digitale Services unterstützt. Viele dieser Services nutzen auch die Kundinnen und Kunden der Jobcenter. Hierzu zählen vor allem die Suche nach Jobs und Weiterbildungen, die Arbeitsuchendmeldung, aber auch ein umfassendes Angebot an Informationen und Hilfsmitteln zur Selbsterkundung. Darüber hinaus ist die BA auch in den sozialen Medien aktiv und bietet eine Vielzahl an Apps für die mobile Nutzung an.

Alle diese Initiativen verfolgen das gemeinsame Ziel, den Kundinnen und Kunden dort zu begegnen, wo sie sind. Und das ist zunehmend das Internet. Eine aktuelle Studie der Initiative D21 im Auftrag des Bundesministeriums für Wirtschaft und Energie belegt dies in ihrem D21-Digital-Index 2018/2019.[1] So ist eine rasant steigende Internetnutzung in den letzten Jahren zu verzeichnen. Die deutsche Gesellschaft wird digitaler, immer mehr Menschen zählen sich zu den digitalen Vorreitern. Obwohl immer noch ca. zehn Millionen Bundesbürger/innen das Internet nicht nutzen, ist die Nutzungsquote doch erneut um 3 % auf 84 % gestiegen. 68 % der Bevölkerung nutzen das Internet mobil. In ihrem eGovernment Monitor 2018 betrachtet die Initiative D21 die Verbreitung und Nutzung digitaler Angebote.[2] Es zeigt sich, dass sich ein Großteil Verwaltungsangebote

1 Initiative D21 „D21 DIGITAL INDEX 2018/2019 Jährliches Lagebild zur Digitalen Gesellschaft", https://initiatived21.de/app/uploads/2019/01/d21_index2018_2019.pdf (25. Januar 2019).

2 Initiative D21 „eGovernment Monitor 2018", https://initiatived21.de/publikationen/egovernment-monitor-2018/ (25. Januar 2019).

zuerst digital wünscht. Die stärkste Präferenz bei der Abwicklung ihrer Behördengänge legen die Onliner generell auf das Internet bzw. ein Online-Formular, noch vor dem persönlichen Kontakt. An Online-Verwaltungsdienstleistungen schätzen die Bürgerinnen und Bürger vor allem die Transparenz. So stimmen acht von zehn Befragten (79 %) einer kürzlich durchgeführten Studie des bitkom der Aussage zu, dass es während der Bearbeitung von Anträgen möglich sein sollte, den aktuellen Stand und die voraussichtliche Dauer der Bearbeitung jederzeit online einsehen zu können.[3] Digitale Transformation ist keine Frage des Alters mehr. Die bitkom-Studie zeigt auch, dass 66 % finden, dass die meisten Behördengänge problemlos auch online erledigt werden könnten.

Die fortschreitende Digitalisierung aller Gesellschaftsbereiche wirkt in doppelter Hinsicht auf die deutsche Verwaltung und damit auch auf die Soziale Arbeit ein. Sie bietet nicht nur die Chance für eine signifikante Steigerung der Verwaltungseffizienz, sondern setzt die Verwaltung auch einem hohen Erwartungsdruck aus. Die Nutzung digitaler Technologien steigt in einem Maße, dass diese inzwischen als Selbstverständlichkeit angesehen wird und für viele zur Lebenswirklichkeit gehört. Würden die Jobcenter hinter dieser Erwartung und den allgemeinen Entwicklungen zurückbleiben, wäre mit sinkender Kundenzufriedenheit und einer Imageverschlechterung zu rechnen.

Dr. Volker Rebhan
ist Bereichsleiter des „Anforderungsmanagement Online", Bundesagentur für Arbeit, Nürnberg.
E-Mail: Zentrale.IT4@arbeitsagentur.de

Daher hat sich die Digitalisierung als Kernelement der Strategie 2025 der BA etabliert.[4] Ziel ist es, die Möglichkeiten der Digitalisierung im Interesse der Kundinnen und Kunden, Mitarbeiterinnen und Mitarbeiter zu nutzen. Der Fokus liegt vor allem darauf, attraktive digitale Angebote zu schaffen, um durch digitale Kundenkontakte die Servicequalität im Jobcenter zu verbessern. Es soll nicht nur die Vorgabe aus dem Onlinezugangsgesetz zur verpflichtenden Digitalisierung aller Kundenanliegen bis 2022 erfüllt werden,[5] sondern an vorderster Stelle steht die Schaffung eines Angebots, das die Kundinnen und Kunden auch wirklich nutzen wollen. Denn eines zeigt der D21 eGovernment Monitor auch: Obwohl der digitale Kanal bevorzugt wird, ist die Nutzung von digitalen Angeboten sogar rückläufig. Die Potenziale der digitalen Verwaltung bleiben also ungenutzt. Onliner kennen zwar meist die Möglichkeit zur digitalen Abwicklung von Verwaltungsdiensten und bekunden ihr Interesse daran, die tatsächliche Nutzung liegt jedoch deutlich darunter.

3 Bitkom „Staat 4.0 – Status Quo, Chancen und Herausforderungen", https://www.bitkom.org/Presse/Presseinformation/Staat-40-Verwaltung-hinkt-Buergerwuenschen-hinterher.html (25. Januar 2019).

4 Bundesagentur für Arbeit „Wo wir hin wollen – unsere Strategie 2025", https://www.arbeitsagentur.de/ueber-uns/wir-bringen-sie-weiter (25. Januar 2019).

5 Gesetz zur Verbesserung des Onlinezugangs zu Verwaltungsleistungen, http://www.gesetze-im-internet.de/ozg/ (25. Januar 2019).

Es gibt also einen bekundeten Trend hin zur Nutzung von digitalen Services, der nicht durch die Nutzungszahlen belegbar ist? Hier setzt die BA an. Umfassende Bürgerreviews unter anderem in den Jobcentern vor Ort zeigten, dass es meist Unkenntnis der Angebote, schlechte Auffindbarkeit und komplexe Bedienung sind, die einer häufigeren Nutzung im Wege stehen. Die datengetriebenen Auswertungen, aber auch die Befragung der Nutzer/innen nach Einführung des neuen digitalen Serviceangebots belegen eine deutlich stärkere Nutzung des Online-Angebots als vorher.

Für die BA steht deshalb im Vordergrund, das Potenzial durch die Digitalisierung für Bürgerinnen und Bürger, für Mitarbeiter/innen und für unsere Partner bestmöglich zu nutzen und Angebote zur Verfügung zu stellen, die zeitgemäß sind und für alle Beteiligten einen spürbaren Mehrwert bieten. Gerade für die Jobcenter wird die Digitalisierung konsequent weiterentwickelt. So leisten die Jobcenter einen spürbaren Beitrag zur Steigerung der Servicequalität der öffentlichen Verwaltung. Die Weiterentwicklung zur BA-IT-Strategie für 2025 orientiert sich deshalb daran, die „Möglichkeiten der Digitalisierung im Interesse unserer Kundinnen und Kunden, Mitarbeiterinnen und Mitarbeiter" zu nutzen.

Von der Vorstudie zum Projektauftrag

Im Auftrag des Bundesministeriums für Arbeit und Soziales (BMAS) hat die BA in einer Vorstudie untersucht, ob und in welcher Form für die Kundinnen und Kunden im Zweiten Buch Sozialgesetzbuch (SGB II) ein zeitgemäßes und bedarfsgerechtes Online-Angebot geschaffen werden kann.

Dabei wurden die folgenden Zielvorstellungen zugrunde gelegt:

- Alle Kundenanliegen können auch online erledigt werden.
- Betreuung und Integration werden durch digitale Angebote verbessert.
- Durchgehende digitale Prozesse schaffen interne Effizienzpotenziale.

Als Ergebnis der Vorstudie wurde ein mehrstufiger Umsetzungsweg für die digitale Transformation im Rechtskreis SGB II aufgezeigt.

Im Rahmen einer Open Innovation-Kampagne auf der Ideenplattform der BA wurden auch die Kundinnen und Kunden der Jobcenter aufgefordert, Ideen einzubringen und zu bewerten. Als besonders wichtig wurde eingeschätzt, dass Anträge online ausgefüllt und übermittelt werden können, Eingangsbestätigung und Bearbeitungsstand online eingesehen und Termin online angefragt werden können. Zudem besteht der Wunsch nach einem Online-Benutzerkonto mit der Möglichkeit, Bescheide und Dokumente online einzusehen und mit dem zuständigen Ansprechpartner online kommunizieren zu können (z.B. Postfach, Chat, Videotelefonie).

Darauf aufbauend wurden die Ziele des Projekts definiert:

- Alle Kundenanliegen können online erledigt werden
- Betreuung und Integration werden durch digitale Angebote verbessert.
- Durchgehende digitale Prozesse schaffen interne Effizienzpotenziale.
- Das Basis-Angebot eröffnet im SGB II erstmals den Online-Kanal über die Jobbörse hinaus und erzeugt unmittelbar relevanten Nutzen für die Kundinnen und Kunden.
- Die Online-Nutzungsquote wird erhöht und damit die Grundlage für die Erschließung interner Effizienzpotenziale geschaffen.

Nutzerzentrierte Herangehensweise von Beginn an

Bereits in der Analysephase wurde eine streng nutzerzentrierte Herangehensweise gewählt. Künftige Nutzer/innen des Portals und Fachexpert/innen in den Fachbereichen und aus der IT wurden von Beginn an in die Erstellung der Konzepte und kontinuierlich in deren Umsetzung eingebunden. Nach einer umfassenden Recherche der fachlichen, rechtlichen und organisatorischen Rahmenbedingungen begann das Projektteam mit der Identifikation und Charakterisierung der Nutzergruppen. Diese wurden in sogenannten Personas dokumentiert, die als fiktive Personen die Ziele und Bedürfnisse der Zielgruppe repräsentieren und es so erlauben, fundierte Entscheidungen bei der Entwicklung nutzerfreundlicher Produkte zu treffen. Die inhaltliche Struktur basiert auf der Definition von aktuell 35 dieser Personas. Expert/innen aus IT und Fachbereichen entwickelten diese Personas im engen Austausch mit den Mitarbeiter/innen in Jobcentern, Arbeitsagenturen und Familienkassen. Praktische Erfahrung aus Beratungsgesprächen und dem täglichen Arbeitsalltag flossen also von Beginn an in die Entwicklung ein. In kontextuellen Interviews mit entsprechenden Kundinnen und Kunden, über Nutzertests, Umfragen und Web-Analysen wurde ein noch umfassenderes Bild der künftigen Nutzer/innen erstellt.

Es folgte die Durchführung von Co-Creation-Workshops mit künftigen Nutzer/innen, Expert/innen aus Fachbereichen und IT, Jurist/innen etc. unter Anwendung von Kreativtechniken (Design Thinking). Das Ergebnis war die gemeinsame Entwicklung einer optimalen Kundenreise (Customer Journey) für alle Serviceangebote eines Jobcenters unter Berücksichtigung der persönlichen und digitalen Kundenkanäle. Begleitet wurde dieser Prozess von einer prototypischen Umsetzung digitaler Services. Diese wurden kontinuierlichen Tests und Befragungen von Nutzer/innen und Vertreter/innen aus Fachbereichen unterzogen. Ergänzt wird diese iterative Entwicklung z.B. durch Open Innovation-Kampagnen über die Ideenwerkstatt der BA, mit Nutzertests der JOSEPHS Service Manufaktur des Fraunhofer-Instituts, durch externe Tests in Testlaboren und durch einen umfassenden Bürgerreview direkt vor Ort in den Jobcentern.

Umsetzung in iterativer Vorgehensweise

Viele Nutzer/innen fanden sich in der alten BA-Onlinewelt nur schwer zurecht. Bereits 2016 wurde daher ein neues Portal geschaffen, das alle Themen nach Lebenslagen und aus der Sicht der Nutzer/innen bündelt und diese strukturiert durch die jeweiligen Abläufe leitet. So werden die Sachverhalte aus dem SGB II in der Sprache der Kund/innen und in einfachen Erläuterungen und Fahrplänen dargestellt. Anträge und Meldungen erfolgen aktuell noch über den herkömmlichen Weg mittels Formularen, die online zur Verfügung stehen.

Zur Digitalisierung der Antragsstrecken und Abläufe im Jobcenter wurde im vergangenen Jahr das Projekt „gE Online“ gestartet. Aufgrund von Vorgaben des BMAS aus dem März 2017, welche ein striktes Kostenbewusstsein und die Modularisierung der Entwicklung beinhalten, wurde zunächst damit begonnen, einen Teil des in der Vorstudie erarbeiten Umfangs umzusetzen. Hierin sind unter anderem die Bereitstellung von Online-Anträgen für die wichtigsten Anliegen und digitale Möglichkeiten zur Kontaktaufnahme und Terminanfrage vorgesehen. Um eine schnelle und risikoarme Umsetzung zu ermöglichen und Synergiepotenziale auszuschöpfen, wird insbesondere für die erforderlichen Basisdienste auf die bereits vorhandenen Online-Technologien der BA aufgesetzt. Das Basis-Angebot eröffnet im SGB II erstmals den Online-Kanal über die Jobbörse hinaus und erzeugt unmittelbar relevanten Nutzen für die Kundinnen und Kunden. Bereits Mitte dieses Jahres wird diese erste Stufe mit einem Basisangebot verfügbar sein. Der weitere Ausbau erfolgt in zwei Stufen, über den kontinuierlichen Ausbau hin zu einem Vollangebot und der durchgängigen Digitalisierung inklusive einer medienbruchfreien Übergabe und Verarbeitung der Online-Anliegen in den internen Fachverfahren (siehe Abb. 1).

Am Ende steht die ganzheitliche Digitalisierung vollständiger Kundenanliegen mit den daraus resultierenden Verwaltungsprozessen im Jobcenter. Dies beginnt mit der Information der Kund/innen über das Leistungs- und Beratungsangebot und die Rechte und Pflichten. Kundinnen und Kunden im Jobcenter werden durch eine zielgerichtete, weiterführende Beratung im persönlichen Gespräch unterstützt. Die Beantragung von Geld- und Beratungsleistungen wird über intelligente Formulare unter Nutzung bereits vorhandener Daten angeboten. Die Formulare sind so aufgebaut, dass nur für den individuellen Sachverhalt nötige Formularbestandteile angezeigt und Fehler in der Eingabe möglichst vermieden werden. Nach digitalem Versand des Formulars erfolgen eine medienbruchfreie, elektronische Dokumentation und Verarbeitung in der eAkte und den Fachverfahren der Jobcenter und eine weitreichende IT-Unterstützung zur Vermeidung manueller Arbeitsschritte bis hin zur Zustellung des Bescheids über das digitale Benutzerkonto.

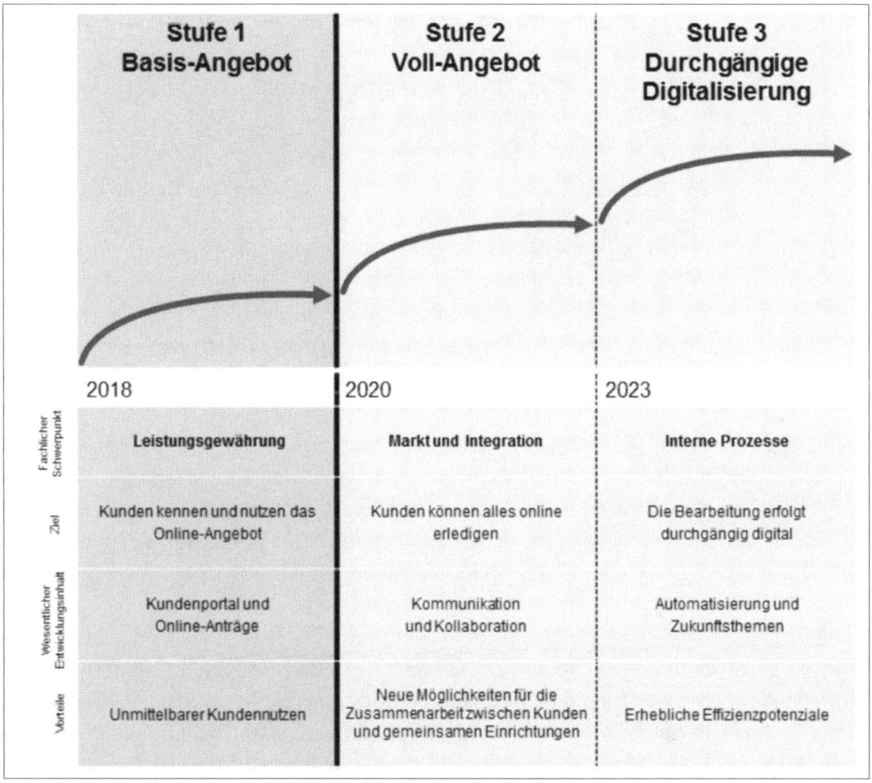

Abb. 1: Digitaler Transformationsprozess im SGB II

Folgende Leitlinien bei der Digitalisierung der Serviceangebote der BA wurden auch im Projekt gE-Online berücksichtigt:

- ein Portal für alle Anliegen der BA und ihrer besonderen Dienststellen, eingebettet in die Initiativen auf Bundesebene (v.a. Onlinezugangsgesetz und Portalverbund), aber auch mit regionaler Ausprägung für die dezentral organisierten Jobcenter in gemeinsamen Einrichtungen in Kooperation mit Kommunen;

- Kundenanliegen (v.a. Inhalte, Anträge) werden personalisiert und auf die Lebenssituation der Einzelnen und deren Bedarfsgemeinschaft zugeschnitten;

- Transparenz in der Nutzung der persönlichen Daten (z.B. Zugriff auf Historie) und zum Bearbeitungsstand;

- Datenschutz im Kern: Daten, die bereits an anderer Stelle gemeldet wurden (z.B. Beantragung von Kindergeld, Abfrage von Registerverfahren, sofern rechtlich erlaubt und technisch möglich), können unmittelbar verwendet werden („Once-Only"), aber nur nach vorherigem Einverständnis der Kundin oder des Kunden;

- der/die Nutzer/in im Mittelpunkt: konsequente Orientierung an den Bedürfnissen der Nutzer/innen;

- Automatisierung fehleranfälliger Aufgaben oder wiederkehrender Routinetätigkeiten für eine gesteigerte Datenqualität, einheitliche Umsetzung gesetzlicher Vorgaben und eine Beschleunigung in der Bearbeitung der Kundenanliegen.

Digitales Serviceangebot als Ergänzung zum persönlichen Kontakt

Eine Leitlinie der BA ist es, den Kund/innen dort zu begegnen, wo sie sind. Der digitale Kanal ist daher nicht der einzig mögliche Kundenkanal. Digitalisierte Information und Prozesse sind grundsätzlich nur ein ergänzendes Serviceangebot. Herkömmliche Antragstellung wird es für die Kundinnen und Kunden der Jobcenter unverändert geben, allerdings werden digitale Kanäle als der präferierte Kundenkanal v.a. für Information und Antragstellung beworben. Der Mehrwert für die Kund/innen steht hierbei im Mittelpunkt.

Digitalisierung soll den persönlichen Kontakt keinesfalls ersetzen, sondern ist die Grundlage für eine beschleunigte Bearbeitung und individuelle, wertschöpfende Beratung. Personalisierte Informationen im Online-Portal sorgen für niederschwellige Information für eine breite Masse. Elektronische Prozesse machen administrative Tätigkeiten effizienter und erlauben einen Service rund um die Uhr und ortsungebunden. Gerade für Kund/innen des Jobcenters ist aber die persönliche Beratung eine zentrale Dienstleistung. Aufgrund des Wegfalls rein administrativer Prozesse zur Datenerhebung oder allgemeinen Information bleibt mehr Zeit für eine auf die individuelle Situation ausgerichtete Beratung.

Digitalisierung endet nicht mit der Ablösung von Broschüren und Papierformularen, sie schafft die Grundlage für einen neuartigen Kundenservice. So können Kundinnen und Kunden proaktiv beraten werden, z.B. durch eine Erinnerung an die rechtzeitige Übermittlung des Weiterbewilligungsantrags, durch die Aktivierung und Motivation, z.B. über Themenwelten zur Integration in den Arbeitsmarkt, zur Identifikation des Bildungs-/Umschulungsbedarfs und zu Unterstützungsleistungen. Digitalisierung bietet auch die technischen Grundlagen für vollständig neue Angebote wie das Selbsterkundungstool zur Identifikation der eigenen Stärken und Interessen und einer datenbasierten Karriere- und Lebensberatung.

Umfassende Kommunikationsstrategie als Schlüssel zum Erfolg

Das digitale Serviceangebot kann aber noch so gut sein und sich an den Bedürfnissen der Kundinnen und Kunden ausrichten – wenn das Angebot nicht aktiv beworben und kontinuierlich an den sich ändernden Kundenbedarf angepasst wird, werden erwartete Effizienz- und Zufriedenheitsgewinne nicht erzielt. Damit sich die Angebote am Markt etablieren, müssen die Kundinnen und Kunden konsequent an das Angebot herangeführt werden. Durch umfassende Pressearbeit und intern wie öffentlich wirksames Marketing werden die Angebote beworben. Zur Einführung des neuen digitalen Serviceangebots wurden beispielsweise Broschüren zur Erläuterung des Angebots erstellt. Über Plakatwerbung in den Jobcentern und Arbeitsagenturen und TV-Spots wurde auf das neue Angebot aufmerksam gemacht.

Im Fokus steht aber auch ein Veränderungsmanagement bei den Mitarbeiterinnen und Mitarbeitern der Jobcenter. Die Angebote dürfen nicht als Bedrohung des eigenen Arbeitsplatzes wahrgenommen werden, sondern als wertvolle Ergänzung der täglichen Arbeit. Mitarbeiterinnen und Mitarbeiter müssen jederzeit über die neuen Möglichkeiten zielgerichtet für ihren Verantwortungsbereich informiert sein. Dies begleitet die BA in den Jobcentern durch kontinuierliche Weiterbildungsangebote und umfassende Informationen, die auf die einzelnen Tätigkeitsprofile in den Jobcentern ausgerichtet sind. Mitarbeiterinnen und Mitarbeiter werden im verantwortungsbewussten Umgang mit den neuen digitalen Services und dem Datenschutz geschult und fortlaufend weitergebildet. Insbesondere bei der Digitalisierung in der Sachbearbeitung werden die Mitarbeiterinnen und Mitarbeiter mit dem Ziel geleitet, die Chancen und persönlichen Weiterentwicklungsmöglichkeiten zu verstehen.

> Auf diese Weise wird die digitale Transformation der Sozialen Arbeit in den Jobcentern für alle Beteiligten ein Erfolg. Kundinnen und Kunden erledigen administrative Angelegenheiten in Eigenregie unter Nutzung einfacher und intuitiver digitaler Services, die auf ihre individuellen Bedürfnisse eingehen. Sie werden durch auf sie zugeschnittene Informationen und weitere Services unterstützt. Mitarbeiterinnen und Mitarbeiter der Jobcenter können sich auf die individuelle Beratung konzentrieren und so einen Mehrwert in der Sozialen Arbeit weit über die Verwaltung hinaus schaffen.

Pascal Bastian, Mark Schrödter

Risikodiagnostik durch „Big Data Analytics“ im Kinderschutz

Die digitale Transformation der Gesellschaft betrifft auch die professionellen Praktiken und die Organisationsbedingungen der Sozialen Arbeit (Bertsche/Como-Zipfel 2017; Kutscher/Seelmeyer 2017) und stellt bereits jetzt eine große Herausforderung für die Soziale Arbeit dar (Coulton u.a. 2015), welche sich in den nächsten Jahrzehnten weiter zuspitzen wird. In der Sozialen Arbeit existieren vor allem im Rahmen des Kinderschutzes unterschiedliche Verfahren und eine unüberschaubare Menge an Instrumenten, die helfen sollen, das Risiko einer Kindesmisshandlung oder -vernachlässigung einzuschätzen. In diesem Beitrag werden Chancen und Gefahren des Einsatzes von „Big Data Analytics“ im Kinderschutz kritisch betrachtet.

Über Fragen der Treffsicherheit, Angemessenheit und Handhabbarkeit sowie über die Auswirkungen vor allem standardisierter Verfahren auf die professionelle Soziale Arbeit wird heftig gestritten (Bastian 2016). Der höchste Standardisierungsgrad mit dem geringsten menschlichen Einfluss dürfte dabei computergestützten Prognoseverfahren zukommen, mit denen die Soziale Arbeit bislang noch wenig konfrontiert wird, die aber zunehmend in anderen gesellschaftlichen Bereichen, vor allem in der Wirtschaft, der Medizin und den sozialen Medien unter dem Label „Big Data Analytics“ oder „Machine Learning“ diskutiert werden. „Big Data Analytics“ kann dabei als eine Weiterführung bereits vor allem in den Vereinigten Staaten genutzter statistischer Risikoassessmenttools eingeordnet werden. Gleichzeitig handelt es sich durch die Möglichkeit der vollständig automatisierten Nutzung riesiger, rasant anwachsender und vielfältiger Datenmengen um eine ganz neue und revolutionäre Form der Zukunftsprognostik.

Um diese „Digitalisierungsrevolution“ besser einordnen zu können, soll im Folgenden auf der Grundlage eines Fallbeispiels die Aufgabe von (Risiko-)Prognosen im Kinderschutz und deren Schwierigkeiten erläutert werden, um dann einen kritischen Einblick in die Datenerhebungs- und -verarbeitungsmethode von Big Data Analytics zu gewähren. Am Schluss soll über die Möglichkeiten einer bedingungslosen Kinder- und Jugendhilfe diskutiert werden, als ein Vorschlag, um weitgehend auf Risikoerfassung zu verzichten.

Die Inobhutnahme – ein Fallbeispiel

Das folgende Fallbeispiel stammt von einer Studentin aus einem sozialpädagogischen Master-Studiengang. Es wurde im Rahmen eines Seminars zum Thema „Urteilsbildung im Kinderschutz“ diskutiert wurde (zum Fallbeispiel und zur Interpretation vgl. auch Bastian 2019):

Während einer Teamsitzung innerhalb meines Berufspraktikums beim Jugendamt kam ich erstmals in einer Teambesprechung mit dem Fall der Familie in Berührung. Die Familie – bestehend aus einem verheirateten Ehepaar und ihren zwei Kindern (Mädchen ein Jahr, Junge fünf Jahre alt) – stand schon seit über einem Jahr mit dem Jugendamt in Kontakt. Grund für die Hilfemaßnahmen war die Vernachlässigung der Kinder wegen der psychischen Erkrankung der Mutter. Diese hatte bereits mehrere ambulante Therapien absolviert und befand sich auch zu diesem Zeitpunkt in einer solchen.
Vor allem das Thema Hygiene stand im Fokus der Hilfemaßnahmen. Im Haushalt lebten ein Hund und zahlreiche Katzen.

*In der Fallbesprechung schilderten die eingesetzten Erziehungshelfer*innen den aktuellen Stand in der Familie und im Haushalt. Die Hilfen würden allesamt gut angenommen, vor allem habe die Familie sich in Bezug auf das Hauptthema der mangelnden Hygiene im Haushalt und in der Kinderpflege deutlich gebessert.*

*Einige Tage später befanden sich meine Praxisanleiterin und ich nachmittags aufgrund eines Termins in dem Wohnort der Familie. Meine Praxisanleiterin schlug vor, der Familie einen spontanen Besuch abzustatten. Als wir das Grundstück betraten, roch es dort schon streng nach Tierkot. Im Haus roch es ebenso danach. Auf dem Sofa sowie in der Küche lag dieser überall herum. Nach einem kurzen Gespräch mit den Eltern verließen wir das Haus wieder. Zurück im Büro hatten wir eine Besprechung mit dem stellvertretenden Leiter des Jugendamtes, von dem ich nach meiner Meinung gefragt wurde. Ich schilderte mein Entsetzen über die wohnlichen Verhältnisse der Familie – drastischer, als es meine Praxisanleitung zuvor getan hatte. Ich konnte die Familie aus der vorherigen Fallbesprechung der Erziehungshelfer*innen nicht mit der von mir besuchten Familie zusammenbringen. Das mir gebotene Bild war völlig kontrovers zu den positiven Schilderungen der Erziehungshelfer*innen, die die Familie wöchentlich unterstützten. Daraufhin bekamen wir den Auftrag, am folgenden Tag der Familie nochmals einen Besuch abzustatten und gegebenenfalls weitere Maßnahmen einzuleiten. Bei diesem Besuch fanden sich noch weitere Dinge, die den Verdacht der akuten Kindeswohlgefährdung bestätigten*

Prof. Dr. Pascal Bastian
lehrt Sozialpädagogik an der Universität Koblenz-Landau.
E-Mail: pascal.bastian@uni-landau.de

Prof. Dr. Mark Schrödter
lehrt Sozialpädagogik des Kindes- und Jugendalters an der Universität Kassel.
E-Mail: mark.schroedter@uni-kassel.de

(u.a. verschimmelte und für Kinder ungeeignete Lebensmittel im Kühlschrank, Gefahr durch den ungebändigten Hund etc.). Das Kleinkind wurde an diesem Tag noch in Obhut genommen, der Junge zu den Großeltern gebracht.

In dem Beispiel geht es um die Grundfrage im Kinderschutz, nämlich ob in der betreffenden Familie eine Kindeswohlgefährdung vorliegt oder nicht. Gleichzeitig zeigen sich aber auch die Schwierigkeiten bei dieser Einschätzung. Interessant sind vor allem zwei Aspekte. Zum einen scheint es eine erhebliche Diskrepanz zwischen der Einschätzung der Erziehungshelfer/innen und der Praktikantin zu geben, die diese Fallgeschichte berichtet, hinsichtlich des Hygienezustands und der damit zusammenhängenden Angemessenheit der Haushaltführung für die Kinder. Die Einschätzung der Praktikantin wird am Ende auch von den Verantwortlichen im Jugendamt geteilt, und es kommt zu einer Inobhutnahme, d.h., die Kinder werden vorläufig durch das Jugendamt aus der Familie herausgenommen, was in einer akuten Krisensituation ohne richterlichen Beschluss grundsätzlich möglich ist. Interessant ist zum anderen, dass die Gefährdung nicht direkt durch die Eltern verursacht wird, z.B. durch Gewalteinwirkung, sondern durch eher indirekte Faktoren, da vor allem der Zustand der Wohnung zur Begründung herangezogen wird. Hier zeigt sich, dass die Einschätzung, was als eine Gefahr angesehen wird, sehr stark auch zwischen professionellen Fachkräften differieren kann.

Das Problem scheint zu sein, dass die Fachkräfte nicht auf objektive, für alle Familien geltende Gefährdungsmarker zurückgreifen. Insgesamt wird im Fachdiskurs davon ausgegangen, dass Kindeswohl und Kindeswohlgefährdung als sozial-kulturelles Konstrukt nicht eindeutig zu klären sind und daher von einer Nichtvergleichbarkeit und Einzigartigkeit des Einzelfalls ausgegangen werden muss, die sich nicht generell festlegen lässt (Schone/Hensen 2011). Dies bedeutet, dass bereits in der Konstruktion des Begriff Kindeswohlgefährdung als unbestimmter Rechtsbegriff angelegt ist, dass er sich immer nur im Einzelfall beurteilen lässt und sich weder festgelegen lässt, wonach genau geschaut werden soll noch wie stark einzelne Aspekte zu berücksichtigen sind.

Wenn der Computer die Riskoeinschätzung vornimmt: statistische Risikoprognosen

Wäre es nicht gut, wenn es objektive Kriterien gäbe, um Kindeswohlgefährdung unabhängig von der subjektiven Meinung einzelner Professioneller zu bestimmen? Dies ist bei einer statistischen Risikoerfassung möglich, insofern man die Wahrscheinlichkeit des Zutreffens von Kindesmisshandlung und -vernachlässigung als hinreichend objektives Kriterium ansieht. Auch wenn das Wort Risiko in dem oben beschriebenen Beispiel gar nicht vorkommt, spielt es dennoch beim Auftrag des Kinderschutzes eine Rolle. Auch der Begriff Kindeswohlgefährdung verweist auf ein Ereignis – in diesem Fall eine Schädigung des Kindeswohls –, das erst in der Zukunft stattfinden wird. Es besteht zwar die Gefahr einer Schädigung, diese ist aber gegenwärtig noch nicht eingetroffen.

Was bei einem Verdacht auf eine solche Gefährdung geschehen soll, wird im Kinder- und Jugendhilfegesetz (Achtes Buch Sozialgesetzbuch [SGB VIII]) im § 8a als „Gefährdungsrisiko“ konkretisiert, welches „im Zusammenwirken mehrerer Fachkräfte“ eingeschätzt werden soll. Der Kinderschutz ist somit als Tätigkeitsfeld der Sozialen Arbeit deshalb so interessant, weil hier – anders als in vielen anderen Bereichen – sehr explizit eine Risikoprognose gefordert wird.

Für eine solche Risikoeinschätzung müssen eine Menge an Informationen über den zu bearbeitenden Einzelfall zu einem Urteil über die Gefährdung verdichtet werden: die Vorgeschichte der betreffenden Familie, Hinweise aus Gesprächen mit den betroffenen Eltern und Kindern, den Lehrkräften, Nachbar/innen etc., aktuelle Eindrücke von Hausbegehungen und auch die Ergebnisse pädagogischer, psychologischer und medizinischer Gutachten und Tests. Die Prognose lässt sich mithilfe verschiedener Verfahren erzielen. Dabei sind weniger die Datenquellen entscheidend als die Art und Weise, wie sie ausgewertet werden. Werden die Daten nach festgelegten Regeln gewichtet und kombiniert, spricht man von mechanischer bzw. statistischer oder aktuarialistischer Urteilsbildung. Solche Verfahren basieren auf empirischen Studien zu Kinderschutzfällen, in denen statistisch Indikatoren identifiziert wurden, die zukünftige Kindeswohlverletzungen gut prognostizieren.

Aktuarialistische Verfahren werden fast nur in den USA und in Australien eingesetzt. In Deutschland verwendet man hingegen eher diskursive bzw. interpretative Vorgehensweisen. Dabei können aber auch klassifikatorische Diagnosebögen Verwendung finden wie etwa der *Stuttgarter/Düsseldorfer Kinderschutzbogen* (Kindler u.a. 2008), der den Fachkräften helfen soll, zu einem ausgewogenen Gefährdungsurteil zu kommen. Solche Diagnosebögen sind in der Regel das Ergebnis einer Sichtung der empirischen Forschung zu Risiko- und Schutzfaktoren sowie normativer, im Konsens von Expert/innen erzielter Verständigungen darüber, was zentrale Bedürfnisse und notwendige Lebens- und Entwicklungsbedingungen von Kindern sind. Im Unterschied zu den aktuarialistischen Bögen sind es aber die Fachkräfte, die die Gefährdung im konkreten Fall einschätzen (Schrödter u.a. 2019).

> Dies bedeutet: Während beim interpretativen Verfahren das Urteilen ganz und gar in der Hand der professionellen Fachkraft bleibt, wird in statistischen Verfahren das Urteil mechanisch nach einer zuvor festgelegten Formel gefällt. Professionelle entscheiden zwar über das Zutreffen einzelner Prädiktoren, fällen aber nicht das schlussendliche Urteil.

Die dazu nötigen rein statistisch gebildeten Prädiktoren haben aber häufig kaum Relevanz für die Frage, wie eine hilfreiche Intervention aussehen kann. Im Fallbeispiel war ja das wichtigste Kriterium der Hygienezustand der Wohnung. Dies ist bei nicht statistischen Verfahren häufig ein wichtiger Indikator, etwa für Vernachlässigung. Hinweise, ob die Wohnung sauber, vermüllt, ungepflegt, aufgeräumt etc. ist, finden sich nahezu in allen Akteneinträgen von Hausbesuchen im Rahmen des Kinderschutzes (Bastian/Schrödter 2015). Schauen wir uns hingegen ein gängiges aktuarialistisches Verfahren, das *California Family Risk Assessment-Tool* (CFRA, vgl. CRC 2008; Johnson u.a. 2015), an, so findet sich bei den statistisch relevanten zwölf Prädiktoren für Vernachlässigung kein Eintrag, der auf den Hygienezustand der Wohnung hinweist. Es gibt nur die etwas allgemeinere Frage nach der „Momentanen Wohnsituation" mit den Antwortmöglichkeiten: „keine Besonderheiten" „physisch unsicher/wohnungslos" – hier müsste eine Fachkraft schon sehr gut begründen, wenn sie die in der Fallgeschichte geschilderte Situation als physisch unsicher kategorisiert.

Der Grund für die Diskrepanz ist einfach zu erklären: Der Hygienezustand ist aus Fachkräftesicht ein sehr wichtiges Kriterium, um daraus eine Hilfe für die Familie abzuleiten, z.B. in Form eines Haushaltsorganisationstrainings. Er ist aber kein guter statistischer Prädiktor für Vernachlässigung, d.h., er zeigt sich in Studien zur Kindesvernachlässigung als weniger relevant als andere, um Risikogruppen zu bilden.

> Statistische Kriterien geben demnach selten Auskunft über die ursächlichen Problemstrukturen, weshalb sich keine gehaltvollen Lösungsansätze aus ihnen ableiten lassen. Ihre Relevanz ergibt sich nicht anhand inhaltlicher, das heißt für eine Intervention relevanter, sondern nur anhand probabilistischer Kriterien.

Auch wenn einige Items aus den statistischen Bögen relativ einfach zu beantworten sind, z.B. die Anzahl der vorangegangenen Meldungen oder das Alter des Kindes, werden doch für andere Fragen (z.B. „Bezugsperson gewährleistet körperliche Pflege, die den kindlichen Bedürfnissen entspricht" oder „Eine der Bezugspersonen wendet exzessive oder unangemessene Strafen an") gute diagnostische Fähigkeiten der Fachkräfte benötigt. Wie auch bei statistischen Verfahren menschliches und mechanisches Urteilen miteinander verwoben werden, lässt sich in ethnografischen Studien zeigen (Bastian 2017). Wer also auf „objektive" im Sinne statistisch abgesicherter Befunde setzt, muss hier eine Schwäche solcher Verfahren ausmachen: der menschliche Faktor. Wie könnte sich der aber wegrationalisieren lassen?

Wenn der Faktor Mensch komplett wegfällt: Big Data Analytics

Durch Aufkommen der neuen Technologie des Big Data Analytics tritt zu den bisher etablierten Verfahren ein neues hinzu, in dem, wie auch bei der aktuarialistischen Urteilsbildung, die Wahrscheinlichkeit einer zukünftigen Verletzung des Kindeswohls durch eine Formel berechnet wird. Allerding müssen dazu keine aufwendigen empirischen Studien mehr durchgeführt werden, denn in der mustererkennenden (Big Data-)Variante können sehr viel umfangreicher Daten aus sehr unterschiedlichen Datenquellen genutzt werden. Darunter fallen sämtliche Daten, die von Fachkräften erhoben werden, die mit dem Schutz von Kindern betraut sind, also von Sozialarbeiter/innen, Lehrer/innen, Ärzt/innen, Erzieher/innen und Hebammen. Neben klassischen Daten aus Akten, wie medizinische oder therapeutische Daten, können auch die öffentlich zugänglichen Aktivitäten der Eltern und Kinder in sozialen Netzwerken einen dynamisch anwachsenden Datenpool abgeben.

Big Data Analytics kann diesen Datenpool nutzen, um ihn nach Mustern zu durchforschen, die Hinweise auf Kindeswohlgefährdung geben, und ist damit eben nicht mehr von den Interpretationsleistungen der Fachkräfte abhängig. Die riesigen, dynamisch anwachsenden Datenmengen können stetig und automatisiert durchforstet werden, um immer bessere Prognosemodelle zu generieren, indem die Programme aus eigenen Fehlern lernen (Zielesny 2016).

Wir kennen diese Verfahren bereits aus der Privatwirtschaft, um die Ergebnisse von Suchmaschinenanfragen zu optimieren, individualisierte Werbung in sozialen Medien einzuspielen, Versicherungsbetrug aufzudecken und Spam-Mails herauszufiltern. Rein technisch spricht nichts dagegen, diese auch für soziale Zwecke einzusetzen, und in einigen wenigen Beispielen wird dies auch bereits gemacht. Es werden dort bestehende Datenbanken der öffentlichen Verwaltung zusammengeführt und einheitliche Personenidentifikationsnummern eingeführt. So wird in den USA erprobt, Datenbanken der Schulbehörden und der Jugendämter zusammenzuführen (La Valle u.a. 2016), und in England wird versucht, umfassende Datenbanken zusammenzuführen, die die Inobhutnahme von Kindern dokumentieren (Broadhurst u.a. 2015). Am weitesten ausgereift ist zurzeit das an der Universität von Auckland in Neuseeland entwickelte *predictive risk model* (PRM). Das PRM wurde anhand der Daten von 57.986 Kindern aus einem großen Pool an öffentlichen Wohlfahrts- und Kinderschutzdienst-Daten erstellt. Die Modellierung basiert auf 132 Variablen, die je nach Verfügbarkeit und bekannten Risikofaktoren ausgewählt wurden. Vor allem in den oberen beiden Dezilen zeigte sich das Modell als besonders treffsicher, sodass in Neuseeland bereits ein Praxisprojekt zur Nutzung des lernenden Algorithmus in Planung ist (Gillingham 2016).

Diskussion: Ist ein Kinderschutz ohne Risikoerfassung möglich?

Die standardisierte Berechnung der Kindeswohlgefährdung wird in der internationalen disziplinären Fachdebatte als Deprofessionalisierung gesehen. Exemplarisch steht dafür die Einschätzung der Bundesarbeitsgemeinschaft der Kinderschutz-Zentren e.V., die verlautbart:

> „Die Nutzung der Bögen stellt ein Qualitätsrisiko in der Gefährdungseinschätzung dar und begünstigt Fachfehler, 1. wenn die Gestaltung der Bögen a) Objektivität und Sicherheit suggerieren, b) aus sich heraus zu einem verbindlichen Ergebnis führen (Punkte-, Ampelsystem) und damit dazu verführt, dass

der Bogen und nicht mehr der Mensch entscheidet (im Extrem im Sinne einer PC-Software-gebundenen Auswertung)" (Die Kinderschutz-Zentren 2011, 3).

Dennoch zeigt eine fast unübersichtliche Anzahl an Studien und Meta-Analysen, dass statistische Verfahren weitaus treffsicherer das Risiko von Kindesvernachlässigung und -misshandlung einschätzen als alle diskursiven oder interpretativen Verfahren (z.B. Johnson 2011; Baird/Wagner 2000, Johnson u.a. 2015; Meta-Analyse: van der Put u.a. 2017).

Wenn wir davon ausgehen, dass das Risiko zukünftiger Ereignisse, wie etwa einer Kindesmisshandlung, treffsicher und auch sinnvoll nur durch statistische Verfahren prognostiziert werden kann (Bastian/Schrödter 2015), wäre Big Data Analytics folglich die beste Wahl, um den gesetzlichen Auftrag zu erfüllen.

Man müsste also entweder zu „Befürworter_innen evidenzbasierten und/oder standardisierten Vorgehens, die effizienz- und effektivitätsgesteuerten Rationalisierungsstrategien folgen" (Marks u.a. 2018, 13) werden oder sich ernsthaft mit der Frage auseinandersetzen, ob ein Kinderschutz ohne Risikoorientierung möglich ist. Denn nur durch ein solches radikales Neu-Denken von Kinderschutz lässt sich tatsächlich die Notwendigkeit einer probabilistischen Modellierung, einer standardisierten Erfassung und einer versicherungsmathematischen Analyse von Risikokonstellationen vermeiden. Die Einführung des Risikobegriffs im § 8a SGB VIII ist nur ein Symptom einer größeren internationalen Transformation, die häufig als Risiko- oder Sicherheitsorientierung diskutiert wird (Dollinger 2014). Im Zuge sozialstaatlicher Transformierungsprozesse und aktivierungspolitischer Regierungsweisen gewinnen Präventions- und staatliche Kontrollbestrebungen immer mehr an Bedeutung, die sich durch eine stärkere Adressat/innen-Responsibilisierung (Oelkers 2009) und durch die Individualisierung sozialer Probleme auszeichnet. Die damit verbundene Idee, Risiken messbar zu machen und vor allem Schädigungen des Kindeswohls frühzeitig zu bearbeiten, hat Auswirkungen auf die gesamte Kinder- und Jugendhilfe, die sich laut Dahmen/Kläsener zunehmend zu einer „Kindeswohlgefährdungsvermeidungsstrategie" (2019, 199) entwickelt. Dies wirkt sich natürlich auch auf das Handeln der Fachkräfte im Kinderschutz aus (Freres u.a. 2019; Bastian u.a. 2017).

Um diesen Entwicklungen etwas entgegenzusetzen, müsste man über grundlegende Reformen des Kinder- und Jugendhilfesystems und vor allem über die Vergabepraxis von Erziehungshilfen nachdenken. Denn nur, wenn die Strukturen in den Kommunen eine größtmögliche Teilhabe aller Eltern ermöglichen und Hilfen weitgehend entstigmatisiert werden, kann einer Riskoorientierung sinnvoll begegnet werden.

Wie kann also die Idee einer größtmöglichen Teilhabe von Kindern, Jugendlichen und ihren Familien verwirklicht werden? Aus unserer Sicht wäre eine gute Möglichkeit, in eine Debatte über eine „bedingungslose Jugendhilfe" einzutreten. Der Grundgedanke ist banal: Jugendhilfe sollte dann als bedingungslos bezeichnet werden, wenn alle Familien auf ihre Leistungen zurückgreifen können, unabhängig davon, ob sie ein psychosoziales Defizit geltend machen oder nicht. Diese Idee ist nicht besonders radikal mit Blick auf weite Teile des SGB VIII, etwa in der Jugendarbeit oder faktisch auch in der Erziehungsberatung. Die fundamentale Erweiterung besteht allerdings darin, dass dies für alle anderen erzieherischen Hilfen auch gelten sollte.

Die bislang nötige Bedarfsprüfung bei der Gewährung erzieherischer Hilfen kann als entwürdigend und ungerecht bezeichnet werden und sie widerspricht einem breit verstandenen Inklusionsgedanken. So bedeutet Inklusion die grundsätzliche Anerkennung von menschlicher Vielfalt und Differenz in allen gesellschaftlichen Bereichen sowie die Teilhabe aller Menschen an gesellschaftlichen Regelsystemen (Oehme/Schröer 2014). Teilhabe oder Hilfe soll gerade nicht durch Allokation und Selektion von Menschen über individuelle Merkmale erfolgen, sondern durch eine Veränderung und Anpassung der Institutionen und Strukturen an die Bedarfe der Menschen. Die Bedarfsprüfung bei der Gewährung erzieherischer Hilfen scheint aber Familien auf eine Weise zu kategorisieren, die sie doppelt exkludiert: Sie werden zum einen durch die Defizitdiagnose stigmatisiert und als gesonderte Gruppe dem Hilfesystem überantwortet. Zum anderen werden Familien, bei denen kein Hilfebedarf diagnostiziert wurde, vom Anspruch einer erzieherischen Hilfe ausgeschlossen.

Fazit

Abschließend lässt sich festhalten: Wer gegen eine statistische oder mustererkennende Einschätzung von Risiken im Kinderschutz ist, kann sinnvollerweise nicht für eine interpretative oder dialogische Form des Risikoassessment plädieren. Stattdessen müssen die dahinterliegenden systemimmanenten gesetzlichen Grundlagen, die politischen Diskurse, sozialpolitischen Präventionslogiken und neoliberalen Wohlfahrtstransformationen kritisch durchleuchtet werden. Anschließend muss über tiefgehende strukturelle Veränderungen dieser Kontextbedingungen des Kinderschutzhandelns fachlich diskutiert werden, um zu einem neuen System zu kommen, welches vielleicht ein bisschen mehr auf Hilfe und ein bisschen weniger auf (präventiven) Schutz setzt – etwa in Form einer „bedingungslosen Jugendhilfe“ (Schrödter/Freres 2019).

Literatur

Baird, C./Wagner, D. (2000): The relative validity of actuarial- and consensus-based risk assessment systems, in: Children and Youth Services Review, 22 (11–12), S. 839–871.

Bastian, P. (2016): Die digitale Transformation von Urteil- und Diagnoseverfahren in der Sozialen Arbeit, in: Sozialmagazin, 41 (1–2), S. 92–97.

Bastian, P. (2017): Negotiations with a risk assessment tool: Standardized decision-making in the United States and the deprofessionalization thesis, in: Transnational Social Review, 7 (2), S. 206–218.

Bastian, P. (2019): Sozialpädagogische Entscheidungen, Opladen u.a.

Bastian, P./Freres, K./Schrödter, M. (2017): Risiko und Sicherheit als Orientierung im Kinderschutz. Deutschland und USA im Vergleich, in: Soziale Passagen, 22 (11–12), S. 1–17.

Bastian, P./Schrödter, M. (2015): Fachliche Einschätzung bei Verdacht auf Kindeswohlgefährdung, in: neue praxis, 45, S. 224–242.

Bertsche, O./Como-Zipfel, F. (2017): Sozialpädagogische Perspektiven auf die Digitalisierung, in: Soziale Passagen, 8 (2), S. 235–254.

Broadhurst, K./Alrouh, B./Yeend, E./Harwin, J./Shaw, M./Pilling, M./Mason, C./Kershaw, S. (2015): Connecting Events in Time to Identify a Hidden Population: Birth Mothers and Their Children in Recurrent Care Proceedings in England, in: British Journal of Social Work, 45 (8), S. 2241–2260.

Coulton, C. J./Goerge, R./Putnam-Hornstein, E./Haan, B. D. (2015): Harnessing Big Data for Social Good: A Grand Challenge for Social Work, Cleveland, OH.

CRC – Children's Research Center – A division of the National Council on Crime and Delinquency (2008): The Structured Decision Making Model: An Evidenced-based Approach to Human Services, Madison, WI.

Dahmen, S./Kläsener, N. (2019): Kinder- und Jugendhilfe als Kindeswohlgefährdungsvermeidungsstrategie?, in: Soziale Passagen, 10 (2), S. 197–210.

Die Kinderschutz-Zentren (2011): Empfehlung der Kinderschutz-Zentren zur Nutzung von Gefährdungseinschätzungsbögen in den Kinderschutz-Zentren. Verabschiedet vom Fachausschuss der Kinderschutz-Zentren, Köln.

Dollinger, B. (2014): Soziale Arbeit als Realisierung protektiver Sicherheitspolitiken, in: Zeitschrift für Sozialpädagogik, 12 (3), S. 296–314.

Freres, K./Bastian, P./Schrödter, M. (2019 i.E.): Jenseits von Fallverstehen und Prognose – wie Fachkräfte mit einer einfachen Heuristik verantwortbaren Kinderschutz betreiben, in: neue praxis 2, S. 106–130.

Gillingham, P. (2016): Predictive Risk Modelling to Prevent Child Maltreatment and Other Adverse Outcomes for Service Users: Inside the „Black Box" of Machine Learning, in: British Journal of Social Work, 46 (4), S. 1044–1058.

Johnson, W. L. (2011): The validity and utility of the California Family Risk Assessment under practice conditions in the field: A prospective study, in: Child Abuse and Neglect, 35 (1), S. 18–28.

Johnson, W./Clancy, T./Bastian, P. (2015): Child abuse/neglect risk assessment under field practice conditions: Tests of external and temporal validity and comparison with heart disease prediction, in: Children and Youth Services Review, 56, S. 76–85.

Kindler, H./Lukasczyk, P./Reich, W. (2008): Validierung und Evaluation eines Diagnoseinstrumentes zur Gefährdungseinschätzung bei Verdacht auf Kindeswohlgefährdung (Kinderschutzbogen), in: Zeitschrift für Kindschaftsrecht und Jugendhilfe, 94, S. 500–505.

Kutscher, N./Seelmeyer, U. (2017): Mediatisierte Praktiken in der Sozialen Arbeit, in: Hoffmann, D./Krotz, F./Reißmann, W. (Hrsg.): Mediatisierung und Mediensozialisation: Prozesse – Räume – Praktiken, Wiesbaden.

La Valle, I./Graham, B./Payne, L. (2016): A consistent identifier in education and children's services, London.

Marks, S./Sehmer, J./Thole, W. (2018): Arbeitsauftrag „Gefährdungsbereich“. Befunde aus einem Transferprojekt im Kinderschutz, in: Sozial Extra, 42 (2), S. 12–14.

Oehme, A./Schröer, W. (2014): „Inklusion“ – Kinder- und Jugendhilfe ist gefragt, in: neue praxis 44 (2), S. 124–133.

Oelkers, N. (2009): Aktivierung von Elternverantwortung im Kontext der Kindeswohldebatte, in: neue praxis, Sonderheft 9, S. 139–149.

Schone, R./Hensen, G. (2011). Der Begriff der Kindeswohlgefährdung zwischen Recht und Praxis, in: Deegener, G./Körner, W. (Hrsg.): Erfassung von Kindeswohlgefährdung in Theorie und Praxis, Lengerich, S. 13–28.

Schrödter, M./Freres, K. (2019 i.B.): Bedingungslose Jugendhilfe.

Schrödter, M./Bastian, P./Taylor, B. (2019 i.E.): Risikodiagnostik und Big Data Analytics in der Sozialen Arbeit, in: Kutscher, N./Ley, T./Seelmeyer, U./Siller, F./Tillmann, A./Zorn, I. (Hrsg.): Handbuch Soziale Arbeit und Digitalisierung.

van der Put, C. E./Assink, M./Boekhout van Solinge, N. F. (2017): Predicting child maltreatment: A meta-analysis of the predictive validity of risk assessment instruments, in: Child Abuse & Neglect, 73, S. 71–88.

Zielesny, A. (2016): From Curve Fitting to Machine Learning. An Illustrative Guide to Scientific Data Analysis and Computational Intelligence, Berlin.

Frank Weidner

Digitalisierung für die Pflege – Wege zur Alltags- und Nutzer/innenorientierung

Mit der voranschreitenden Digitalisierung der Lebensbereiche gehen auch erhebliche Erwartungen und Hoffnungen einher, die professionelle und informelle Pflege mittels digitaler Lösungen zu unterstützen sowie gerechter und zukunftssicherer zu machen. Viele Projekte und Ansätze zum Einsatz neuer Technologien in sozialen Handlungsfeldern wurden in den vergangenen Jahren mit öffentlichen Mitteln gefördert, im Alltag ist davon jedoch bislang wenig angekommen. Welche Hemmnisse gibt es und was läuft bislang falsch? Die Studie ePflege ging im Auftrag des Bundesgesundheitsministeriums (BMG) diesen Fragen nach. Die Ergebnisse zeigen Wege auf, was zukünftig gerade aus der Sicht von Nutzerinnen und Nutzern besser gemacht werden muss.

Ausgangslage und Einordnung

Der Philosoph und Publizist Richard David Precht setzt sich in seinem Buch „Jäger, Hirten, Kritiker" mit den Grundlagen, Perspektiven und Risiken der Digitalisierung unserer Gesellschaft auseinander. In Bezug auf das seit Ende der 1990er-Jahre laufende internationale Millenium Project[1] schreibt er, dass zukünftig mit hoher Wahrscheinlichkeit alle Berufe wegfallen werden, die mittel- und langfristig durch Technik ersetzbar seien:

> „Übrig bleiben vor allem jene Berufe, in denen ‚Empathie' gefragt ist, in denen man sich um etwas kümmert, jemanden umsorgt, ihn pflegt, ihm zuspricht, ihn coacht, ihn bildet, ihm individuell Sorgen und Nöte lindert und ihm hilft, Probleme zu lösen" (Precht 2018, 118).

Die Frage jedoch, ob sich dieses „Übrigbleiben" per se als Vorteil oder vielleicht doch als Nachteil für die sozialen, gesundheitsbezogenen und pädagogischen Berufe erweisen wird, lässt sich heute noch nicht sicher beantworten. „In der Geschichte der Menschheit diente die Kultur dem Leben und die Technik dem Überleben. Heute bestimmt die Technik unser Leben, aber welche Kultur sichert unser Überleben?", fragt Precht weiter (ebd., 155).

Das pflegerische Berufsverständnis ist maßgeblich bestimmt von der empathischen und sozialen Kompetenz der Wahrnehmung des Gegenübers, sei es als kranker, pfle-

1 Das Millennium Project ist ein weltweiter Think Tank in Form einer NGO, der sich der Erkundung globaler Zukünfte verschrieben hat, vgl. http://107.22.164.43/millennium/german.html (6. März 2019).

gebedürftiger oder betroffener Mensch, und einem sehr persönlichen Austausch mit ihm. Precht hat also Recht, wenn er „Empathie" als einen Kern guter Pflege beschreibt. Zugleich ist professionelle Pflege heute mehr denn je geprägt von zunehmender wissenschaftsfundierter Begründungsarbeit. Pflegerische Professionalität gründet damit konstitutiv und untrennbar auf wissenschaftsfundiertem Regelwissen in steter Wechselwirkung mit hermeneutisch-empathischer Fall- und Situationskompetenz (vgl. Weidner 2019a). Neben planbaren und rational begründbaren Aspekten geht es in der Pflege oftmals um ein situatives und mithin erfahrungsbezogenes Vorgehen. Komplexe sinnliche wie körperlich-leibliche Aspekte werden in die berufliche Entscheidungsfindung einbezogen. Hülsken-Giesler und Krings weisen in diesem Kontext auf die weitreichenden Implikationen und mögliche Folgen hin, wenn rationalisierend-technologische Prozesse im Kontext von Digitalisierung – gegebenenfalls einseitig betont – auf empathiebestimmte Berufsfelder wie die Pflege treffen. Alltagsweltlich begründete Wissensformen, Kommunikation, Beziehungs- und Gefühlsarbeit dürfen dann nicht als Residualkategorien aus dem Wissenskanon des professionellen Handelns ausgegrenzt werden (vgl. Hülsken-Giesler/Krings 2015, 7).

Grundsätzlich lassen sich diese Aspekte in das Thema Mensch-Maschine-Interaktion einordnen, d.h. in die Reflexion über Grundlagen und Folgen des Zusammenwirkens von Maschinen und Technologien mit dem Menschen. Kehl (2018) betont, dass dies zwar keine neue Debatte ist, aber mit Blick auf die Entwicklungen und Potenziale der Digitalisierung die diesbezüglichen Fragen nach den Mensch-Maschine-Entgrenzungen rechtzeitig beantwortet werden müssen. Er weist in diesem Zusammenhang insbesondere auf zwei Technologiefelder hin, die zu einer zunehmenden Verschmelzung von Mensch und Technologie beitragen und enge Bezüge zum Gesundheitswesen haben. Zum einen handelt es sich um Neurotechnologien, die durch eine direkte Kopplung elektronischer Geräte an das Gehirn und den Körper zu einer fortschreitenden Technisierung des Menschen beitragen können. Zum anderen verweist er auf autonome robotische und assistive Systeme, die nicht nur immer eigenständiger handeln können, sondern dem Menschen auch immer ähnlicher werden (vgl. ebd., 34). Auf den ersten Blick scheint es hier weniger um Aspekte der Digitalisierung zu gehen, sondern um Spezialfälle ihrer weiteren Anwendung, aber sowohl in der einschlägigen Literatur als auch im Alltagsverständnis von Nutzerinnen und Nutzern sind die Grenzen einzelner Themen aus dem Spektrum der neuen Technologien unscharf und fließend.

Univ.-Prof. Dr. Frank Weidner
ist Professor für Pflegewissenschaft an der Pflegewissenschaftlichen Fakultät der Philosophisch-Theologischen Hochschule Vallendar (PTHV) und Direktor des Deutschen Instituts für angewandte Pflegeforschung e.V. (DIP) in Köln. E-Mail: f.weidner@dip.de

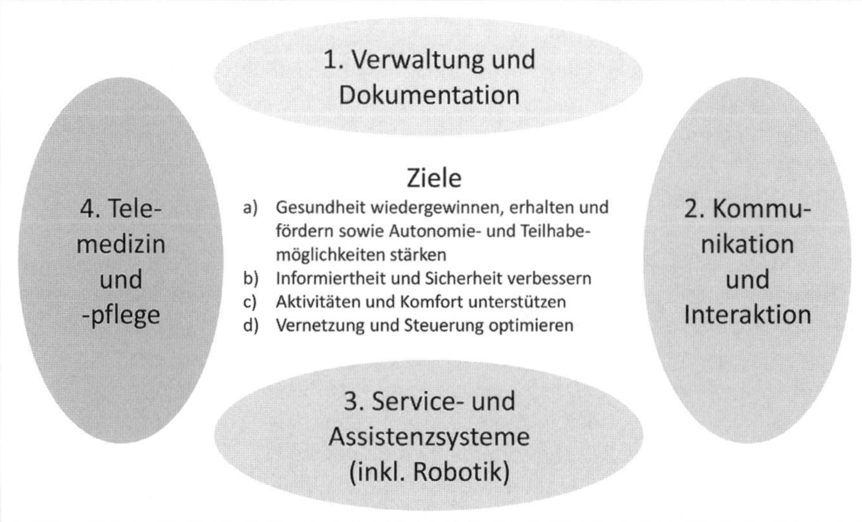

Abb. 1: Anwendungsfelder und Ziele des Einsatzes neuer, digitaler Technologien in der Pflege

In Anlehnung an den Vorschlag von Merda u.a. (2017) wird in diesem Beitrag von vier Anwendungsfeldern digitaler Technologien rund um die pflegerische Versorgung ausgegangen (siehe Abb. 1), deren gemeinsame Grundlage die zunehmende Nutzung digitaler, vernetzter Technologien ist: 1) Verwaltung und Dokumentation, 2) Kommunikation und Interaktion, 3.) Service- und Assistenzsysteme (inkl. Robotik) sowie 4) Telemedizin und -pflege. Ziele, die übergreifend in allen vier Handlungsfeldern mit unterschiedlicher Schwerpunktsetzung erreicht werden sollen, sind: a) Gesundheit wiedergewinnen, erhalten und fördern sowie Autonomie- und Teilhabemöglichkeiten stärken, b) Informiertheit und Sicherheit verbessern, c) Aktivitäten und Komfort unterstützen sowie d) Vernetzung und Steuerung in der Versorgung optimieren.

Probleme und Herausforderung

Mit der steten Zunahme des Anteils älterer Menschen wird auch die Pflegebedürftigkeit in unserer Gesellschaft zunehmen. Ferner wird sich das Krankheits- und Pflegepanorama entsprechend stärker zu den chronischen Erkrankungen, zur Multimorbidität und Langzeitpflege hin verschieben. Zugleich nehmen die informellen Sorgepotenziale ab und Fachkräftemangel wie Versorgungsprobleme weiten sich sukzessive aus (vgl. Weidner 2019b). Die Erwartung an moderne Informations- und Kommunikationstechnologien, die einen wesentlichen Beitrag zur Unterstützung und Entlastung in der Alltagsbewältigung und zur besseren und sicheren Versorgung leisten können, sind groß.

Längst gehören Monitorsysteme, elektronische Blutdruckmessgeräte und auch Tablets zum Anwendungsrepertoire in der Pflege (vgl. Rößler u.a. 2018, 63). Auch mit der Etablierung von computergestützten Technologien zur Dokumentation und Verwaltung von Patientendaten und Versorgungsverläufen im Bereich der Krankenhäuser seit den 1990er-Jahren liegen bereits vielversprechende Erfahrungen vor (vgl. Ammenwerth 2006; Zieme 2010). Für den Bereich der stationären sowie der ambulanten Langzeitpflege vollzieht sich die Durchdringung mit digitalisierten Anwendungen jetzt mit einer zeitlichen Verzögerung (vgl. Hielscher u.a. 2015; Isfort/Weidner 2018).

Der Diskurs um die Entwicklung, Erprobung und Bewertung neuer Technologien in der Pflege hat in den letzten Jahren Fahrt aufgenommen. Eine zentrale Fragestellung dabei ist, warum, abgesehen von einigen Ausnahmen, viele Ansätze im Alltag von pflegebedürftigen und kranken Menschen, aber auch von Fachkräften in der Pflege noch nicht angekommen sind (vgl. Gaßner/Conrad 2010; Bieber/Schwarz 2011; Weiß u.a. 2013; Daxberger 2018). Dabei ist es für Politik, Praxis und Wissenschaft zunächst relevant, die hemmenden und limitierenden Faktoren zu analysieren, um daraufhin Strategien zur weiteren Förderung zu entwickeln und zu etablieren:

- *Mangelnde Technikkompetenz in der Pflege:* Es geht um die Zusammenhänge von Qualifikation und Erfahrungen als Voraussetzung für die Bereitschaft in der Pflege, sich auf neue Technologien einzulassen und sie zur Anwendung zu bringen (vgl. Weiß u.a. 2013; Merda u.a. 2017).

- *Unklare Bestimmung von „Innovation in der Pflege“:* Vorzugsweise werden Aspekte der technologischen Innovationsmöglichkeiten in den Vordergrund gerückt. Die Potenziale der Innovation pflegerischer Dienstleistungen bleiben dabei bislang häufig außen vor (vgl. Elsbernd u.a. 2014; Bieber/Schwarz 2011).

- *Fehlende Information und Beratung:* Technische Neuerungen für den Bereich der Pflege sind in der Fläche unbekannt. Sie kommen damit weder im professionellen Handeln noch bei Hilfeempfänger/innen und Angehörigen zum Einsatz (vgl. Meyer/Mollenkopf 2010).

- *Suboptimale Interoperabilität der Technik:* Ein Kennzeichen von Technologien im Kontext der Gesundheits- und Pflegearbeit ist in der Regel eine hohe Komplexität, die sich aus der Bündelung von Einzel- und Netzwerklösungen ergibt. Verbreitet zeigen sich aber soft- und hardwarebezogene Schnittstellenprobleme (vgl. Eichelberg 2010; 2012).

- *Mangelnde Evidenz über Effekte des Technikeinsatzes in der Pflege:* Unter sozialwissenschaftlichen, insbesondere auch unter pflegewissenschaftlichen und arbeitswissenschaftlichen Gesichtspunkten stehen empirische Wirkungsnachweise sowie Fragen der Einpassung von Technologien in die Arbeitsprozesse der Pflege weitgehend aus (vgl. Hielscher u.a. 2015; Elsbernd u.a. 2014). Diese sind aber unverzichtbar, wenn es beispielsweise um ihre Aufnahme in Hilfsmittelverzeichnisse geht.

- *Ethische und juristische Fragen:* Mit fortschreitender Technikentwicklung stellen sich auch Fragen nach ethisch vertretbaren Einsatzszenarien sowie nach Datenschutz und Datensicherheit immer wieder neu (vgl. Manzeschke u.a. 2013).

- *Unklare Finanzierungsmodelle:* Die Möglichkeiten potenzieller Nutzerinnen und Nutzer, private Mittel zur Finanzierung von technischen Systemen für die Pflege zu investieren, sind sehr begrenzt. Es fehlen bislang tragfähige – auch solidarisch getragene – Finanzierungs- und Akteurskonzepte (vgl. Fachinger u.a. 2012).

In Förderprogrammen wie „Mensch-Technik-Interaktion" des Bundesforschungsministeriums (BMBF; vgl. https://www.technik-zum-menschen-bringen.de) werden seit Jahren auch von der öffentlichen Hand millionenschwere Investitionen in die entsprechende Entwicklungen und die Erforschung von digitalisierten Lösungen und neuen Technologien mit Blick auf die Nutzbarkeit im Gesundheits- und Pflegewesen getätigt. Wie also lassen sich im Sinne der in der Pflege zu versorgenden und sorgenden Menschen die zukünftigen Schritte der Förderpolitik optimieren und die alltagstauglichen Anwendungsergebnisse verbessern? Und wie lassen sich Nützlichkeit, Anwendbarkeit und Sicherheit digitaler Lösungen verbessern und damit die Akzeptanz bei den Nutzerinnen und Nutzern fördern?

Analyse und Perspektiven

Vor dem Hintergrund der skizzierten Ausgangslage und Herausforderungen verfolgte die Studie „ePflege – Informations- und Kommunikationstechnologie (IKT) für die Pflege"[2] das Ziel, sowohl die Umsetzungshemmnisse als auch die Potenziale von digitalen Pflegelösungen und -dienstleistungen sowie von Versorgungsprozessen mit IT-Einsatz in der Pflege und in der sektorenübergreifenden Versorgung genauer zu identifizieren. Daraufhin wurden Empfehlungen und Handlungsvorschläge für die Politik und relevante Akteursgruppen abgeleitet und Pilotprojekte entwickelt und skizziert. Damit knüpft *ePflege* an die vorangegangene Studie von Weiß u.a. (2013) an, in der es im Kern um die Beurteilung des Entwicklungs- und Umsetzungsstandes technischer Assistenzsysteme für die Unterstützung pflegebedürftiger Menschen ging.

Unter IKT wurden in *ePflege* innovative Ansätze verstanden, bei denen digital miteinander vernetzte Informationsflüsse und -austausche sowie die optimierte Nutzung re-

2 Die Studie ePflege wurde 2017 im Auftrag des BMG vorgelegt. Sie wurde von einem Konsortium unter Federführung von Thilo Zelt (Roland Berger GmbH), Prof. Dr. Frank Weidner (Deutsches Institut für angewandte Pflegeforschung e.V., DIP) sowie Prof. Dr. Manfred Hülsken-Giesler (Philosophisch-Theologische Hochschule Vallendar, PTHV) umgesetzt. Unter https://www.dip.de/fileadmin/data/pdf/projekte/BMG_ePflege_Abschlussbericht_final.pdf kann die Studie heruntergeladen werden.

levanter Daten im Versorgungsprozess auch über Sektoren-, Institutions- und Professionsgrenzen hinweg funktionieren können. Die einbezogenen Erfahrungen und Projekte bezogen sich auf alle vier oben beschriebenen Anwendungsfelder (siehe Abb. 1).

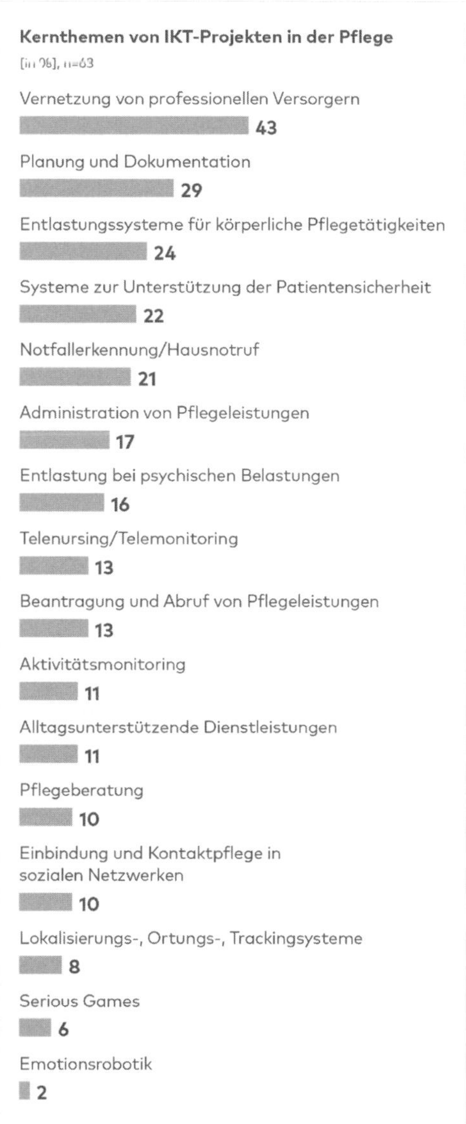

Abb. 2: Kernthemen von IKT, die in ePflege aus Expertenbefragungen und -interviews identifiziert wurden (BMG 2017, 26)

In einem ersten Schritt erhob die Studie den Status quo sowie Entwicklungsperspektiven für digitale Lösungen in der Pflege empirisch und analysierte sie. Dazu wurden zunächst rund 500 potenzielle Ansprechpartnerinnen und -partner aus dem Pflegebereich, z.B. aus der Pflegebildung, dem Management, der Berufspolitik, aus der Forschung und von Kostenträgern, bundesweit identifiziert. Aus diesem Feld beteiligten sich 63 Expertinnen und Experten an einer Online-Befragung, in der Kenntnisse, Erfahrungen und Einschätzungen sowie Bedarfe und Vorschläge zu IKT-Entwicklungen mit Blick auf den Einsatz in der Pflege erhoben wurden. Anschließend erfolgten qualitativ vertiefende, telefonische Befragungen, um weitere Informationen und Hinweise zu Aspekten wie grundsätzliche Einstellungen und Haltungen zum IKT-Einsatz in der Versorgung sowie zu Schnittstellenproblemen zwischen Sektoren und Disziplinen zu erhalten (siehe Abb. 2).

Parallel dazu wurde eine umfassende Recherche und Analyse von 217 Projekten durchgeführt, die in den letzten Jahren im Umfeld der Entwicklung und Erprobung von IKT im Pflegebereich im deutschsprachigen Raum umgesetzt worden sind. Die Projekte wurden u.a. nach thematischen Schwerpunkten, Einsatzfeldern, Lösungsstrategien und beteiligten Akteuren analysiert. So waren Projekte darunter, in denen es um digitalisierte Pflegeplanung und -dokumentation, technische Assistenzsysteme, computergestützte Pflegehilfsmittel, Smart-Home-Systeme, Robotersysteme sowie E-Learning-Systeme u.a.m. ging.

Die Ergebnisse der empirischen Analysen bestätigten im Kern die Vorannahmen und halfen, die bestehenden Barrieren weiter zu differenzieren. Neuere Projekte fokussieren zwar verstärkt die direkte Unterstützung von Leistungsempfängerinnen und -empfängern sowie die ambulante Pflege, schöpfen die Potenziale einer vernetzten Versorgung dabei jedoch weiterhin zu wenig aus. Immer noch werden Projekte zumeist von Technikentwicklern verantwortet und haben daher einen technologischen Schwerpunkt und nicht selten zu große Alltagsferne.

> Deutlich wird, dass IKT ein zentrales Entwicklungsthema für die meisten Akteurinnen und Akteure im Pflegebereich ist, allerdings beschäftigen sich die einzelnen Akteursgruppen damit jeweils zumeist nur aus ihrer eigenen Perspektive.

Auf die empirischen Analysen aufbauend schloss sich in *ePflege* eine Anforderungsanalyse mittels einer Reihe von vier ganztägigen Expertenworkshops mit jeweils rund 20 Expertinnen und Experten aus Deutschland an. So ging es zunächst um den Austausch von Erfahrungen und Anforderungen bezüglich hemmender und fördernder Faktoren zum IKT-Einsatz aus Sicht von Leistungsempfängerinnen und -empfängern sowie pflegenden Angehörigen. Dann ging es um die Sichtweisen und Einschätzungen von Fachkräften und Dienstleistern und anschließend um entsprechende Impulse von Technikentwicklern. Schließlich wurden im letzten Workshop die Feld-, Projekt- und Anforderungsanalysen sowie erste Vorschläge mit Vertreterinnen und Vertretern aus Politik und Verbänden diskutiert. Aufgrund der empirischen Analyseergebnisse sowie der Bewertungen aus den Workshops konnten schlussendlich Bedarfe, Handlungsfelder und Empfehlungen sowie Handlungsvorschläge und Projektideen entwickelt und vorgelegt werden.

Empfehlungen und Ausblick

Es bestätigt sich, dass die Akteurslandschaft durchaus positive Erwartungen an das Potenzial neuer Technologien im Pflegealltag hat. Erwartet wird nicht nur, dass die knappen Ressourcen effektiver und effizienter eingesetzt werden können, sondern insbesondere auch, dass die Vernetzung und Kooperation von Leistungsanbietern und beispielsweise Kostenträgern mittels digitaler Lösungen verbessert werden kann. Indes wird nicht erwartet, dass mittels neuer Technologien Fachkräfte eingespart oder ersetzt werden könnten.

Die Ergebnisse von *ePflege* belegen aber auch, dass die Potenziale einer vernetzten Versorgung über Dienstleister-, Einrichtungs- oder Sektorengrenzen hinweg durch Modellprojekte bislang nur selten ausgeschöpft werden können, was auch damit zusammenhängt, dass Projekte hier nicht selten an die gleichen Grenzen wie die Praxis stoßen. Zentrale Hemmnisse bei der Entwicklung und Verbreitung von digitalen Lösungen in der Pflege werden weiterhin insbesondere in Vorbehalten und fehlenden Technikkompetenzen aufseiten der Fachkräfte sowie aufseiten der kranken und pflegebedürftigen Menschen gesehen. Die mangelnde Verbreitung und Akzeptanz bisheriger Entwicklungen beruhen vor allem auf der Vernachlässigung von Alltagsbedingungen und Nutzer/innenbedürfnissen in Projekten. Immer noch werden potenzielle Nutzerinnen und Nutzer zu selten, zu spät und zu zaghaft in digitale Produkt- und Dienstleistungsentwicklungen einbezogen. Auch Fragen der Datensicherheit tauchen in diesem Kontext immer wieder auf. Zudem gibt es eine Reihe technischer und fachlicher Hürden bei der Entwicklung und Umsetzung eines digitalisierten Informationsaustausches zwischen Leistungsanbietern einerseits und zwischen ihnen und Kostenträgern andererseits. So besteht die Herausforderung in der Vernetzung, beispielsweise nicht nur in funktionierenden technischen Schnittstellen (Stichwort „Interoperabilität"), sondern auch in anschlussfähigen Theorien, Fachsprachen und Haltungen von Professionellen unterschiedlicher Disziplinen (Stichwort „Interdisziplinarität").

Ein weiteres Problem besteht darin, dass in der Regelversorgung bislang kaum Refinanzierungen von IKT-Lösungen vorgesehen sind. So werden beispielsweise Systeme mit Sensoren, die in Wohnungen von Seniorinnen und Senioren eingebaut werden und automatisch Hilflosigkeitssituationen erkennen können, heute noch nicht durch die Pflegeversicherung (§ 40 Elftes Buch Sozialgesetzbuch [SGB XI] „wohnumfeldverbessernde Maßnahmen") refinanziert. Dies hängt wiederum damit zusammen, dass es bislang kaum belastungsfähige Erkenntnisse zur Evidenz und nachhaltigen Wirksamkeit solcher

Technologien gibt. Letztlich ist dies auch eine Folge der langjährigen Förderpolitik, die zu stark auf immer neuere Technologien und noch zu wenig auf die erfolgreiche Implementation bzw. Evaluation bereits entwickelter Verfahren gesetzt hat, was sich jetzt erst nach und nach ändert.[3] Als eine der Hauptursachen für die vielfältigen Hemmnisse gilt auch die fehlende Einbindung der Pflege in IKT-relevante Gremien und Organisationen der gesundheitlichen Selbstverwaltung.

> Zusammenfassend weisen die Studienergebnisse von *ePflege* auf verschiedene Handlungsbedarfe hin. So muss es zukünftig nicht nur um eine deutlich verbesserte Alltags- und Nutzer/innenorientierung gehen, sondern auch um die gelingende Vernetzung aller Akteure, die Verbreitung bereits funktionierender IKT-Lösungen, belastbare Wirksamkeitsnachweise bestehender und neuer Technologien sowie um eine zukunftsorientierte Förderpolitik und Forschungsausrichtung.

Auf Grundlage dieser Handlungsbedarfe entwickelten die Autorinnen und Autoren von *ePflege* konkrete Vorschläge. Als zukünftig wichtige miteinander verbundene Aufgabenfelder werden die Aufwertung der Pflege-IKT im Gesundheitssystem, Strategien für die verbesserte Umsetzung von bereits entwickelten Lösungsansätzen sowie eine Optimierung der IKT-Infrastruktur für die Pflege benannt.

Zur Förderung der Aufwertung von neuen Technologien in der Pflege und ihrer Nachhaltigkeit im Gesundheitssystem wird die Etablierung eines „Netzwerkes IKT in der Pflege" und einer darin eingebetteten „Initiative ePflege" empfohlen. Damit sollen eine systematische und dauerhafte Einbindung und Vernetzung von Organisationen, Fachkräften und Betroffenen mit IKT-Netzwerken im Gesundheitswesen erreicht werden. Eine „Geschäftsstelle ePflege" soll dazu operativ beitragen, die Mitgestaltungsmöglichkeiten und Informationslagen im Pflege- und Gesundheitssystem zu verbessern.

Maßnahmen für die verbesserte Umsetzung bereits vorhandener innovativer Lösungen sollen durch gezielte Strategien zur „Dissemination von IKT-Anwendungen im Kontext von Alter und Pflege" angestoßen werden. Dies soll beispielsweise darauf abzielen, eine quartiersbezogene Vernetzung von Leistungsempfängerinnen und -empfängern, professionellen Dienstleistern und informellen Hilfestrukturen mittels Best-Practice-Beispielen aus dem IKT-Bereich aufzuzeigen, von denen es bereits einige gibt. Zur Förderung grundlegender technischer Kompetenzen bei den Fachkräften wird zudem eine „Bildungsoffensive Digitalisierung in der Pflege" vorgeschlagen. Im Handlungsfeld „Technik- und Infrastrukturentwicklung" wird die Einsetzung einer Ombudsperson etwa angesiedelt beim federführenden BMG angeraten.

---

3 Aktuelle Ausschreibungen der MTI-Förderlinie des BMBF betonen die Bedeutung der Pflegewissenschaft und der Nutzerorientierung und machen den Erfolg von Projekten vom zentralen Stellenwert beider abhängig (so z.B. die BMBF-Bekanntmachung „Robotische Systeme für die Pflege" vom 14. November 2018).

Schlussendlich empfehlen die Autorinnen und Autoren von *ePflege* einen Paradigmenwechsel in der Entwicklung und Anwendung digitaler Lösungen und neuer Technologien im Pflegealltag. Dabei geht es schlicht darum, dass sich nicht der Mensch an die neue Technologien anzupassen hat, sondern die Technologie und ihre Entwicklung an die Bedürfnisse und Kompetenzen der Menschen, die sie anwenden sollen. D.h., man muss von technikorientierten Ansätzen hin zu alltagsnahen, sozio-technologischen Entwicklungen für den Menschen kommen. Die Digitalisierung der Pflege muss sich in die analogen Bedarfs- und Bedürfniswelten von Nutzerinnen und Nutzern sowie in das professionelle Selbstverständnis der Fachkräfte einordnen und nicht umgekehrt. Dazu muss man auch Wege öffnen, um bisherige Grenzen (etwa zwischen Professionen, Einrichtungen und Sektoren) gezielt und modellhaft zu überschreiten.

Precht konstatiert dazu passend:

> „Wie in der Medizin so gilt auch in der Pflege: Wer mehr Technik einsetzen will, darf den sorgenden Menschen nicht ersetzen wollen. Ansonsten vergeigen wir das Versprechen, für das die Digitalisierung stehen soll: die Welt menschlicher zu machen!" (Precht 2018, 198)

Literatur

Ammenwerth, E. (2006): The Nursing Process and information technology, in: Habermann, M./Uys, L. R. (Hrsg.): The Nursing Process. A Global Concept, Edinburgh u.a., S. 61–75.

Bieber, D./Schwarz, K. (Hrsg.) (2011): Mit AAL-Dienstleistungen altern. Nutzerbedarfsanalysen im Kontext des Ambient Assisted Living, Saarbrücken.

BMG – Bundesgesundheitsministerium (2017): ePflege – Informations- und Kommunikationstechnologie für die Pflege, https://www.dip.de/fileadmin/data/pdf/projekte/BMG_ePflege_Abschlussbericht_final.pdf (5. März 2019).

Daxberger, S. (2018): Neue Technologien in der ambulanten Pflege. Wie Smartphones die Pflegepraxis (mit-)gestalten, Frankfurt a.M.

Eichelberg, M. (Hrsg.) (2010; 2012): Interoperabilität von AAL-Systemkomponenten. 2 Bände, BMBF/VDE Innovationspartnerschaft.

Elsbernd, A./Lehmeyer, S./Schilling, U. (2014): So leben ältere und pflegebedürftige Menschen in Deutschland. Lebenslagen und Technikentwicklung, Lage.

Fachinger, U./Koch, H./Henke, K.-D./Troppens, S./Braeseke, G./Merda, M. (2012): Ergebnisse der „Studie zu Ökonomischen Potentialen und neuartigen Geschäftsmodellen im Bereich Altersgerechter Assistenzsysteme", https://www.uni-vechta.de/fileadmin/user_upload/Gerontologie/Images/Fachinger/Fachinger_-_Broschuere_OEkonomische_Potenziale.pdf (5. März 2019).

Gaßner, K./Conrad, M. (2010): ICT enabled independent living for elderly. A status-quo analysis on products and the research landscape in the field of Ambient Assisted Living (AAL) in EU-27. Institute for innovation and technology (iit), Berlin.

Hielscher, V./Kirchen-Peters, S./Sowinski, C. (2015): Technologisierung der Pflegearbeit? Wissenschaftlicher Diskurs und Praxisentwicklungen in der stationären und ambulanten Langzeitpflege, https://dg-pflegewissenschaft.de/wp-content/uploads/2017/04/PG-1_2015-1.pdf (5. März 2019).

Hülsken-Giesler, M./Krings, B.-J. (2015): Technik und Pflege in einer Gesellschaft des langen Lebens. Einführung in den Schwerpunkt, in: KIT – Institut für Technikfolgeabschätzung (Hrsg.): Technikfolgeabschätzung – Theorie und Praxis, 24. Jg., H. 2, S. 4–10.

Isfort, M./Weidner, F. (2018): Pflege-Thermometer 2018. Eine bundesweite Befragung von Leitungspersonen zur Situation der Pflege und Patientenversorgung in der teil-/vollstationären Pflege. Herausgegeben vom Deutschen Institut für angewandte Pflegeforschung (DIP), https://www.dip.de/fileadmin/data/pdf/projekte/Pflege_Thermometer_2018.pdf (5. März 2019).

Kehl, C. (2018): Robotik und assistive Neurotechnologien in der Pflege – gesellschaftliche Herausforderungen. Vertiefung des Projekts „Mensch-Maschine-Entgrenzungen". Büro für Technikfolgen-Abschätzung beim Deutschen Bundestag (TAB), Berlin. TAB Arbeitsbericht 177, https://www.tab-beim-bundestag.de/de/pdf/publikationen/berichte/TAB-Arbeitsbericht-ab177.pdf (5. März 2019).

Manzeschke, A./Weber, K./Rother, E./Fangerau, H. (2013): Ethische Fragen im Bereich Altersgerechter Assistenzsysteme, Berlin.

Merda, M./Schmidt, K./Kähler, B. (2017): Pflege 4.0 – Einsatz moderner Technologien aus der Sicht professionell Pflegender. Forschungsbericht. Herausgegeben von der Berufsgenossenschaft für Gesundheitsdienst und Wohlfahrtspflege (BGW), https://www.bgw-online.de/SharedDocs/Downloads/DE/Medientypen/BGW%20Broschueren/BGW09-14-002-Pflege-4-0-Einsatz-moderner-Technologien_Download.pdf?__blob=publicationFile (5. März 2019).

Meyer, S./Mollenkopf, H. (Hrsg.) (2010): AAL in der alternden Gesellschaft – Anforderungen, Akzeptanz und Perspektiven: Analyse und Planungshilfe, Berlin.

Precht, R. D. (2018): Jäger, Hirten, Kritiker – Eine Utopie für die digitale Gesellschaft, München.

Rösler, U./Schmidt, K./Merda, M./Melzer, M. (2018): Digitalisierung in der Pflege. Wie intelligente Technologien die Arbeit professionell Pflegender verändern, Berlin, https://www.inqa.de/SharedDocs/PDFs/DE/Publikationen/pflege-4.0.pdf?__blob=publicationFile&v=2 (5. März 2019).

Weidner, F. (2019a i.E.): Pflege in Deutschland. Gesellschaftliche und gesundheitspolitische Dimension, in: Prölß, J./Lux, V./Bechtel, P. (Hrsg.): Pflegemanagement. Strategien, Konzepte, Methoden, Berlin.

Weidner, F. (2019b i.E.): Heilen und Un(Heil) in der Pflege – Ansprüche und Wirklichkeiten im Heilberuf Pflege. In: Proft, I./Zaborowski, H. (Hrsg.): Gesundheit – das höchste Gut? – Anfragen aus Theologie, Philosophie und Pflegewissenschaft, Freiburg.

Weiß, C./Lutze, M./Compagna, D./Braeseke, G./Richter, T./Merda. M. (2013): Unterstützung Pflegebedürftiger durch technische Assistenzsysteme. Abschlussbericht zur Studie im Auftrag des Bundesgesundheitsministeriums, Berlin, https://vdivde-it.de/system/files/pdfs/unterstuetzung-pflegebeduerftiger-durch-technische-assistenzsysteme.pdf (5. März 2019).

Zieme, S. (2010): Auswirkungen IT-gestützter Pflegedokumentation auf die Pflegepraxis – eine Übersichtsarbeit, in: Güttler, K./Schoska, M./Görres, S. (Hrsg.): Pflegedokumentation mit IT-Systemen. Eine Symbiose von Wissenschaft, Technik und Praxis, Bern u.a., S. 87–99.

Birte Schiffhauer

Digitalisierung menschzentriert, ethisch und sozial: Ziele und Strategien für Hilfs- und Wohlfahrtsverbände am Beispiel des ASB NRW e.V.

In diesem Beitrag werden vier Dimensionen der Digitalisierung beleuchtet: Risiko, Chance, Verantwortung und Notwendigkeit. Anhand dieser Dimensionen wird der akute Handlungsbedarf von Wohlfahrts- und Hilfsorganisation im Zeitalter der Digitalisierung verdeutlicht. Daraufhin wird vorgestellt, wie sich der Hilfs- und Wohlfahrtsverband Arbeiter-Samariter-Bund Nordrhein-Westfalen (ASB NRW e.V.) strategisch aufstellt, um innovative Technologien sozial und ethisch verträglich einzuführen und zu nutzen.

Digitalisierung verändert nicht nur die Industrie und die Produktionsarbeit, sondern sie wird als gesellschaftlicher Transformationsprozess gesehen, der die Gesellschaft radikal verändert (Kopf/Schmolze-Krahn 2018). Während die Industrie die Digitalisierung und Industrie 4.0 schon längst für sich entdeckt hat und intensiv deren Vorteile nutzt, erhält die Digitalisierung nur langsam Einzug in den sozialen Bereich. So gibt es bisher wenig Forschung zu Wohlfahrt 4.0 (Buhr u.a. 2016) und sozialer Dienstleistungsarbeit (Becka u.a. 2017). Zudem sind Modelle, die sich methodischen Fragen der Umsetzung von Innovationsprozessen im Sozialwesen widmen, kaum zu finden (Parpan-Blaser 2018, 262). Die geringe Forschung und fehlende Modelle, wie Digitalisierung im Sozialwesen sinnvoll umgesetzt werden kann, erschweren es Hilfs- und Wohlfahrtsverbänden, das Thema systematisch und umfassend anzugehen. Häufig bleibt es bei einzelnen Projekten, ohne strukturelle Ziele der Einführung innovativer Technologien für den Verband herausgearbeitet zu haben.

Vier Dimensionen der Digitalisierung in Hilfs- und Wohlfahrtsverbänden

Wie ist das Thema „Digitalisierung" anzugehen? Diese Frage wurde im ASB NRW e.V. in vier wiederholten („iterativen") Diskussionen mit jeweils unterschiedlichen Teilnehmenden sowie einer Denkfabrik im Jahre 2018 aufgegriffen. Dabei wurden vier relevante Dimensionen für Hilfs- und Wohlfahrtsverbände extrahiert, anhand derer die Bedeutung der Digitalisierung für diese Verbände dargestellt und umgesetzt werden soll: Risiko, Chance, Verantwortung und Notwendigkeit. Diese Dimensionen stellen ein heuristisches Rahmenmodell dar, welches dazu verwendet wird, Digitalisierung systematisch im Verband zu diskutieren und zu erschließen.

Digitalisierung als Risiko

Radikale Veränderungen können mit der Gefahr einhergehen, dass sich der Status quo verschlechtert. Besonders die Digitalisierung stellt vielfache soziale und ethische Anforderungen, die es auf Grundlage der Menschenrechte zu beachten gilt. Es kann zu einer Substitution von Tätigkeiten kommen, Menschen könnten durch Technologien ersetzt werden (Becka u.a. 2017). Digitale Technologien können das Gefühl von Überwachung und Kontrolle begünstigen (Christl 2017), zu einer höheren Arbeitsintensität und mehr unbezahlter Arbeit führen (Holler 2017). Diese Aspekte können emotionale Erschöpfung wie Burn-outs fördern (Böhm u.a. 2016). Immer öfter findet soziale Teilhabe online über soziale Netzwerke statt, dadurch können Menschen ohne Zugang zum Internet benachteiligt werden.

Digitalisierung als Verantwortung

Benachteiligungen entgegenzuwirken ist in Deutschland unter anderem die Aufgabe der freien Wohlfahrtspflege. So sieht sich beispielweise der Hilfs- und Wohlfahrtsverband ASB „als Anwalt in gesellschaftspolitischen Fragen für Benachteiligte, sozial Schwache und Menschen in Not" (ASB Deutschland). Wohlfahrtsverbände übernehmen die Verantwortung, die Auswirkungen der Digitalisierung aktiv zum Wohle der Menschen zu gestalten und sich dabei u.a. am sozialen Ausgleich zu orientieren (BAGFW 2017). Gleichzeitig wird in der Wohlfahrtspflege konstatiert, dass der durch die Digitalisierung ausgelöste Wandel eine Bedrohung für ihre Grundfesten sei (Kopf/Schmolze-Krahn 2018). Somit ist eine Dimension der Digitalisierung für die Wohlfahrt die Verantwortung dafür, die Werte und Ideen in ein neues Zeitalter zu übertragen und dabei den Grundfesten treu zu bleiben.

Dr. Birte Schiffhauer
ist Referentin für Digitalisierung beim ASB NRW e.V. und lehrt „Sozialwissenschaften mit dem Schwerpunkt Digitalisierung" an der Fachhochschule Bielefeld.
E-Mail: birte.schiffhauer@fh-bielefeld.de

Digitalisierung als Chance

Durch innovative Technologien eröffnen sich jedoch auch viele Chancen für die Mitarbeitenden und Klient/innen von Wohlfahrtsorganisationen: Digitale Unterstützung bei der Arbeit am und mit Menschen kann Mitarbeitende entlasten. Chancengerechtigkeit für Hilfsempfangende könnte ermöglicht werden, ein selbstbestimmtes Leben und gesellschaftliche Integration können unterstützt werden. Zudem können innovative Technologien dazu beitragen, Menschen mit Demenz oder Autismus zu unterstützen. Darüber hinaus werden Kommunikation und soziale Beziehungen über Distanzen erleichtert, der Zugang zu Wissen und zu Bildung wird vereinfacht (Brandt u.a. 2016; Diehl u.a. 2017).

Digitalisierung als Notwendigkeit

Die Dimension der Notwendigkeit zielt auf die wirtschaftliche Komponente ab. So ist es wirtschaftlich unerlässlich, einen Verband effektiv und effizient zu führen. Innovative Technologien können dabei helfen, Kosten einzusparen oder aber auch die Zufriedenheit der Mitarbeitenden zu erhöhen, was in Zeiten des Fachkräftemangels notwendig ist. Zudem wird eine Anpassung an die gesellschaftlichen Veränderungen gefordert, da ansonsten die etablierten Träger und Einrichtungen verdrängt werden. Disruptive Entwicklungen sind bereits zu erkennen, sei es durch mobile Beratungsangebote oder Angebote der Sozialen Arbeit aus einer Hand über Plattformen (Faiß 2018, 109).

Innovative Einzelprojekte beim ASB NRW e.V.

Innovative Technologien werden beim ASB NRW e.V. schon seit Langem eingeführt und ihre Vorteile vielfältig genutzt (weiterführend: ASB NRW e.V. 2018): In einer Kindertagesstätte des ASB NRW e.V. können Eltern mit Erzieher/innen über eine App kommunizieren, ein passgenaues Kund/innenmanagementsystem hilft in der Verwaltung, Aufklärungsdrohnen unterstützen den Sanitätsdienst bei unübersichtlichen Großveranstaltungen und in der Beschäftigungstherapie für Menschen mit Demenz wird ein innovativer Ball getestet, der vorab programmiert wird und durch Aktivierung individuelle akustische und visuelle Signale abspielen kann. Darüber hinaus ist der Digitalfunk schon länger Standard. Diese und andere Projekte sind wichtig, um die sozialen Dienstleistungen des ASB NRW e.V. stetig zu verbessern.

Die Digitalisierungsstrategie des ASB NRW e.V.

Seit 2017 beschäftigt sich der ASB NRW e.V. intensiv mit der Frage, wie Digitalisierung nicht nur in Einzelprojekten, sondern strukturiert und übergreifend angegangen werden kann. Ziel soll es sein, dass alle Digitalisierungsprojekte im ASB NRW e.V. die gleichen Qualitätsmerkmale aufweisen und die vier ausgearbeiteten Dimensionen zur Digitalisierung berücksichtigen: Somit sollen alle Projekte der Notwendigkeit der Digitalisierung Rechnung tragen, die Chancen maximieren, die Risiken minimieren und der gesellschaftlichen Verantwortung nach den ethischen Werten gerecht werden. Dazu ist es notwendig, Digitalisierungsprozesse und -projekte strukturiert zu planen, zu begleiten und zu analysieren, mit dem Fokus auf soziale und ethische Aspekte.

Deshalb hat es sich der ASB NRW e.V. zur Aufgabe gemacht, das Thema Digitalisierung ganzheitlich zu beleuchten und menschzentriert, ethisch und sozial zu denken und umzusetzen. So wie sich das generelle Angebot des ASB an den Bedürfnissen der Menschen orientiert (weiterführend: ASB NRW e.V. o.J.), orientiert sich auch die Digitalisierungsstrategie des ASB NRW e.V. am Menschen.

Kooperative Wissensbildung durch die Verbindung von Praxis und Wissenschaft hilft bei der Generierung von sozialen Innovationen im Sozialwesen (Parpan-Blaser 2011; 2018), deshalb kooperiert der ASB NRW e.V. mit der Fachhochschule Bielefeld. Darüber hinaus kooperiert der Verband mit Softwareunternehmen, damit innovative Softwarelösungen gemeinsam diskutiert, prototypisiert und direkt umgesetzt werden können.

Qualitative Organisationsdiagnostik

Für eine ganzheitliche, systematische Herangehensweise und um den Prozess der Digitalisierung strukturiert zu beginnen, wurde zuerst eine qualitative Organisationsdiagnostik durchgeführt. Dafür wurden Dokumente (z.B. Zusammenfassungen von Themensammlungen, Abstimmungspapiere, Protokolle) der Verbandsentwicklungsstrategie von 2015–2017 gesichtet und im Hinblick auf ihre Bedeutung für die Digitalisierung analysiert.

Partizipativ wurden zugleich iterative Diskussionsrunden und eine Denkfabrik zum Thema Digitalisierung mit Mitarbeitenden aller ASB-Hierarchiestufen, sowohl Haupt- als auch Ehrenamtlichen, angestoßen. In den Diskussionsrunden und der Denkfabrik wurde erst ein wissenschaftlicher Input zur Digitalisierung gegeben und dann ein mögliches Vorgehen des ASB NRW e.V. vorgeschlagen, welches mit allen Beteiligten diskutiert wurde. In das vorgeschlagene Vorgehen flossen die Ergebnisse der Dokumentenanalyse ein. Der Input und das mögliche Vorgehen wurden von Diskussionsrunde zu Diskussionsrunde iterativ immer stärker den Bedürfnissen des ASB NRW e.V. angepasst. In diesen Runden wurden, neben den vier o.g. Dimensionen, folgendes Ziel und die strategischen Herangehensweisen, wie dieses Ziel umzusetzen sei, erarbeitet:

> „Ziel des ASB ist es einerseits, durch die Digitalisierung und den weiteren technischen und medizinischen Fortschritt seine Dienste weiterzuentwickeln und innovative Leistungsbereiche zu etablieren. Andererseits ist es ebenfalls das Ziel, Werte wie Humanität, Solidarität und Respekt als tragende Säulen unserer Gesellschaft – bei der sich immer weiter beschleunigenden technologischen Entwicklung – zu erhalten und weiter auszubauen“ (Schiffhauer 2019).

Strategien des ASB NRW e.V. bezüglich Digitalisierung

Anhand dieses Zieles wurden zwei Strategien zu dessen Erfüllung erarbeitet und mit Arbeitspaketen belegt.

Strategie 1: Einbringen der eigenen Expertise in die gesamtgesellschaftliche Debatte zum Thema Digitalisierung, um die Sicht der Wohlfahrtsverbände und die ethischen Werte zu stärken

Der ASB NRW e.V. nimmt regelmäßig an Tagungen und Konferenzen zum Thema Digitalisierung und Gesellschaft teil und verfolgt bundesweite Diskussionen und Innovationen, um einen aktuellen Überblick über die Debatte zu generieren. Darüber hinaus engagiert sich der ASB NRW e.V. durch Workshops und Vorträge aktiv in der Diskussion und Gestaltung. Dabei werden die zentralen Werte Humanität, Solidarität und Respekt in der technologischen Entwicklung hervorgehoben und weiter ausgebaut, wie es in dem Ziel der Digitalisierungsstrategie des ASB NRW e.V. formuliert ist. Durch die Sicht der Wohlfahrtsverbände werden diese Werte und besonders die Dimension der gesellschaftlichen Verantwortung in den Debatten gestärkt.

Strategie 2: Menschzentrierte Untersuchung der ethischen und sozialen Implikationen des Einsatzes von digitalen Technologien

Bei den Diskussionsrunden und der Denkfabrik im ASB NRW e.V. wurde deutlich, dass die Einführung innovativer Technologien menschzentriert, ethisch und sozial erfolgen soll. Um diesen Bedürfnissen Rechnung zu tragen, wurde ein Prozess erarbeitet, der die sozialen und ethischen Implikationen bei der Einführung innovativer Technologien berücksichtigt. Dieser wurde ebenfalls in den Diskussionsrunden vorgestellt und iterativ nach jeder Runde adaptiert.

Der partizipativ erarbeitete Prozess adaptiert den Ansatz der menschzentrierten Gestaltung (DIN EN ISO 9241-210:2011-01), integriert Methoden zur ethischen Bewertung anhand des Modells zur ethischen Evaluation sozio-technischer Arrangements (kurz: MEESTAR; Manzeschke u.a. 2013) und wird durch eine Mitarbeitendenbefragung gerahmt. Damit wird der Bedeutung der Mitarbeitenden für die Wohlfahrtsorganisationen Rechnung getragen. So können sowohl die negativen Auswirkungen von Digitalisierung als auch die positiven Implikationen für die Mitarbeitenden untersucht werden. Dadurch kann man dem Anspruch gerecht werden, Digitalisierung menschzentriert, ethisch und sozial zu denken. Anhand der Ergebnisse können zielgerechte Interventionsmöglichkeiten entwickelt werden, die die Mitarbeitenden vor den negativen Auswirkungen schützen und ihnen gleichzeitig die positiven Folgen zugute kommen lassen sollten. Allerdings lassen sich nie alle Folgen innovativer Technologie vor ihrem Einsatz abschätzen und es kann auch zu nicht intendierten Folgen kommen (Collingridge 1980). Der Prozess hat zum Ziel, die Möglichkeit nicht intendierter Folgen zu verringern.

Der Prozess gliedert sich in fünf Phasen. Die erste Phase beinhaltet die umfassende Planung und das Festlegen der zu verwendenden Methodik der empirischen Sozialforschung. In der zweiten Phase werden der Nutzungskontext und die Nutzungsgruppen, Ziele und Arbeitsaufgaben mit den zuvor ausgewählten empirischen Methoden identifiziert (DIN EN ISO 9241-210:2011-01) und die Mitarbeitendenbefragung wird konzipiert und durchgeführt. Um dem Wunsch nach Transparenz und Mitspracherecht der Mitarbeitenden gerecht zu werden, werden regelmäßige Diskussions- und Informationsveranstaltungen durchgeführt. In der dritten Phase werden die Ergebnisse aus den vorhergegangenen Erhebungen extrahiert und prototypische Nutzende (sogenannte Personas) erstellt (Plattner u.a. 2009, 118). Dadurch wird es erleichtert, die Nutzungsanforderungen festzulegen und Anforderungen an das Produkt abzuleiten (DIN EN ISO 9241-210:2011-01). In einem multidisziplinären Team werden aus den Ergebnissen der vorangegangenen Forschung Point of View Statements (PoVs) extrahiert (Lewrick u.a. 2017, 17). PoVs beinhalten den Bedarf der Nutzenden und begründen diesen. Die Ergebnisse der Mitarbeitendenbefragung werden bei der Gestaltung der PoVs berücksichtigt, mit besonderem Fokus auf die ethischen und sozialen Aspekte. In der vierten Phase wird eine Marktanalyse durchgeführt, die nach vorhandenen Gestaltlösungen zur Erfüllung der Nutzungsanforderungen sucht. In der fünften Phase wird die ausgewählte Lösung evaluiert. Neben einer klassischen Evaluation nach Usability- und User-Experience-Kriterien wird ein MEESTAR-Workshop durchgeführt (Manzeschke u.a. 2013), um die Technologie und mögliche Szenarien der Anwendung nach ethischen und sozialen Maßstäben zu bewerten.

Ausblick

Der dargestellte Prozess wurde partizipativ und iterativ unter Anwendung wissenschaftlicher Erkenntnisse entwickelt, sodass er den Anforderungen und Werten des ASB NRW e.V. gerecht wird.

Der ASB NRW e.V. erprobt aktuell diesen Prozess in einem prototypischen Bereich. Nach der Durchführung wird der Prozess abermals adaptiert. Mithilfe der ersten beiden Strategien wird der ASB NRW e.V. perspektivisch eine umfassende, sozialverträgliche Digitalisierungsstrategie für den ASB in Nordrhein-Westfalen erarbeiten. Durch Vorträge, Diskussionen und Feedback-Möglichkeiten werden die Mitarbeitenden bereits für das Thema sensibilisiert und ihre Meinung wird gehört. Die partizipative Umsetzung von Digitalisierung ist notwendig, um die Akzeptanz zu erhöhen, Sorgen frühzeitig wahrzunehmen und ihnen begegnen zu können (Brandt u.a. 2016).

Fazit

Digitalisierung wird für den sozialen Bereich als Chance, Risiko, Notwendigkeit und Verantwortung gesehen. Das Gestalten ihrer Auswirkungen sieht der ASB NRW e.V. als Chance und Herausforderung zugleich. Dabei orientiert er sich an den Bedürfnissen der Menschen und legt seine Werte als Hilfs- und Wohlfahrtsorganisation zugrunde. Er beleuchtet die ethischen und sozialen Implikationen ganzheitlich. Dadurch soll es ermöglicht werden, informierte Entscheidungen über den Einsatz innovativer Technologien zu treffen und jene einzusetzen, die mit den Zielen und Werten des ASB NRW e.V. im Einklang stehen.

Literatur

ASB Deutschland: Der Arbeiter-Samariter-Bund. Wer wir sind, https://www.asb.de/ueber-uns/der-arbeiter-samariter-bund (28. Februar 2019).

ASB NRW e.V. (2018): Digitalisierung: Chancen und Herausforderungen für den sozialen Bereich, https://www.asbnrw.de/projekte-kampagnen/digitalisierung (28. Februar 2019).

ASB NRW e.V. o.J.: Leitbild des ASB Deutschland, https://www.asbnrw.de/ueber-uns/werte-haltung (28. Februar 2019).

BAGFW – Bundesarbeitsgemeinschaft der Freien Wohlfahrtspflege (2017): Digitale Transformation und gesellschaftlicher Zusammenhalt – Organisationsentwicklung der Freien Wohlfahrtspflege unter den Vorzeichen der Digitalisierung, https://www.bagfw.de/veroeffentlichungen/stellungnahmenpositionen/detail/article/digitale-transformation-und-gesellschaftlicher-zusammenhalt-organisationsentwicklung-der-freien (28. Februar 2019).

Becka, D./Evans, M./Hilbert, J. (2017): Digitalisierung in der sozialen Dienstleistungsarbeit. Stand, Perspektiven, Herausforderungen, Gestaltungsansätze, Düsseldorf.

Böhm, S. A./Bourovoi, K./Brzykcy, A. Z./Kreissner, L. M./Breier, C. (2016): Auswirkungen der Digitalisierung auf die Gesundheit von Berufstätigen: Eine bevölkerungsrepräsentative Studie in der Bundesrepublik Deutschland, St. Gallen.

Brandt, A./Polom, L./Danneberg, M. (2016): Gute digitale Arbeit. Auswirkungen der Digitalisierung im Dienstleistungsbereich, Bonn.

Buhr, D./Frankenberger, R./Fregin, M.-C./Trämer, M. (2016): Auf dem Weg zu Wohlfahrt 4.0 – Digitalisierung in Deutschland, Berlin.

Christl, W. (2017): Corporate Surveillance in Everyday Life, How Companies Collect, Combine, Analyze, Trade, and Use Personal Data on Billions, Wien.

Collingridge, D. (1980): The Social Control of Technology, New York.

Diehl, C./Koppenrade, H./Schiffhauer, B./Eyssel, F. (2017): Evaluation der Kurse des PIKSL-Labors in Bielefeld, Bielefeld.

DIN EN ISO 9241-210 (2010): Ergonomie der Mensch-System-Interaktion – Teil 210: Prozess zur Gestaltung gebrauchstauglicher interaktiver Systeme (ISO 9241-210: 2010); Deutsche Fassung EN ISO 9241-210:2010.

Faiß, P. (2018): Digitalisierungsstrategien für Verbände und Komplexträger entwickeln, in: Kreidenweis, H. (2018): Digitaler Wandel in der Sozialwirtschaft, Baden-Baden, S. 103–117.

Holler, M. (2017): Verbreitung, Folgen und Gestaltungsaspekte der Digitalisierung in der Arbeitswelt, Berlin.

Kopf, H./Schmolze-Krahn, R. (2018): Zwischen Tradition und Digitalisierung – Unternehmenskulturen sozialer Organisationen im Wandel, in: Kreidenweis, H. (2018): Digitaler Wandel in der Sozialwirtschaft, Baden-Baden, S. 81–102.

Lewrick, M./Link, P./Leifer, L. (2017): Das Design Thinking Playbook. Mit traditionellen, aktuellen und zukünftigen Erfolgsfaktoren, München.

Manzeschke, A./Weber, K./Rother, E./Fangerau, H. (2013): Ergebnisse der Studie „Ethische Fragen im Bereich Altersgerechter Assistenzsysteme“, Berlin.

Parpan-Blaser, A. (2011): Innovation in der Sozialen Arbeit – Zur theoretischen und empirischen Grundlegung eines Konzepts, Wiesbaden.

Parpan-Blaser, A. (2018): Steuerung und Gestaltung von Innovationsprozessen, in: Eurich; Glatz-Schmallegger; Parpan-Blaser (2018): Gestaltung von Innovationen in Organisationen des Sozialwesens, Wiesbaden.

Plattner, H./Meinel, C./Weinberg, U. (2009): Design Thinking, Innovation lernen – Ideenwelten öffnen, München.

Schiffhauer, B. (2019 i.E.): Strategiepapier des Referates für Digitalisierung: Entwicklung und Durchführung eines sozialen Digitalisierungsprozesses für die Hilfs- und Wohlfahrtsorganisation Arbeiter-Samariter-Bund NRW e.V., Köln.

Stephan Idel

Kommunale Sozialämter in der digitalen Transformation

Heute sind Ämter für Soziales[1] Behörden, die Hilfen zur Integration und Inklusion von Menschen und ein dafür förderliches Umfeld entwickeln. Ausgerichtet auf hohe Wirksamkeit und Wirtschaftlichkeit organisieren sie professionell Hilfeprozesse. Dabei werden zeitgemäße Instrumente und Methoden genutzt. Mit den Hilfeprozessen wächst die Menge der Daten im Amt und bei den Akteuren ständig. Dieser Beitrag zeichnet den Weg der Digitalisierung in der Sozialverwaltung nach und weist auf deren besondere Kultur und Arbeitsprozesse hin, die dabei zu beachten sind.

Vorgeschichte der Digitalisierung kommunaler Sozialämter

Seit den 1980er-Jahren nehmen Sozialämter in Deutschland – seien es nun Stadt- oder Kreisverwaltungen – am digitalen Wandel der Gesellschaft teil. PCs, Drucker, Kopierer hielten Einzug in die Ämter. Mit dem Aufkommen sogenannter Berechnungs- und Auszahlungssysteme bildeten sich in den 1990er-Jahren erstmals Fachverfahren heraus, die sich als „Zahlbarmachungsverfahren" in ganz Deutschland verbreiteten. Genannt seien beispielhaft ok.sozius (BY), AKDN sozial (NRW), prosa (HH), prosoz s/win, Xprosoz, PK-Soft, Care, Lämmkom und S+R Data als Anwendungen, die damals entstanden.

Anträge wie Bescheide standen auf Papier. Zwischen diesen beiden körperlich-analogen Enden des Leistungsprozesses vollzogen sich im Amt schon „auf Rechnern" die Berechnung und Verfügung der Bewilligung sowie die Anordnung der Auszahlung an Klient/innen, Krankenkassen, Vermieter, Träger usw. per Übertragung digitaler Daten ans „Kassenverfahren". Nach Verbuchung auf Haushaltsstellen wurde eine Auszahlungsdatei an die Bank gegeben, die elektronisch die Beträge vom kommunalen Konto an die Zahlungsempfänger/innen überwies. Eine enorme Erleichterung und Aufwandsreduktion steckten in diesem Verfahren. Wortschöpfungen wie Programmierte Sozialhilfe suggerierten, es seien schon alle Formen der Sozialhilfe nach § 8 Bundessozialhilfegesetz programmiert worden. Wie so oft wurde Hilfe auf Geld reduziert. So wurde ein leicht standardisierbarer Teil der Sozialhilfe über einen PC bearbeitet und zentral gespeichert. Grundsätze wie der Individualisierungsgrundsatz, die vorbeugende Hilfe und beson-

1 Sozialamt wird hier im weiteren Sinne verstanden. Es geht um kommunale Ämter, die das ganze Spektrum der Sozialgesetzbücher (SGB) wie SGB II, III, IX und XII, das Asylbewerberleistungsgesetz und flankierende Leistungen verantworten. Diese Leistungen werden organisatorisch in Kommunen oft gebündelt und wie aus einer Hand, z.B. in Sozialagenturen, gewährt.

ders der Vorrang persönlicher Hilfe vor Geld- oder Sachleistung wurden dabei einfach ausgeblendet.

Stephan Idel,
Sozialwissenschaftler, ist Geschäftsführer der Prosozial GmbH, Koblenz. E-Mail: idel@prosozial.de

Der Aufgabe, diese nicht leicht standardisierbaren Formen der Hilfe digital abzubilden, widmete sich der Autor mit seinem Unternehmen ab Mitte der 1990er-Jahre. Sozialplanung, Hilfeplanung, persönliche Beratung, Fallmanagement, Hilfen zur Arbeit, Arbeit statt Sozialhilfe, Schuldnerberatung usw. waren damals neue Ansätze und Instrumente einer aktivierenden Sozialhilfe. Hilfeempfänger/innen wurden nun „Kunden" genannt. Moderne Dienstleistungen sollten gewährt werden. Den Zahlbarmachungssystemen wurde Software für aktivierende Hilfeprozesse zur Seite gestellt. Schnittstellen zum Austausch von „Aktiv- und Passivleistungsdaten" wurden geschaffen.

Der Hartz-Reformprozess von 2002 bis 2005 machte den aktivierenden Sozialstaat und Fallmanagement zum Paradigma der Arbeit mit „Kunden" und bewirkte, dass auf Zahlbarmachung reduzierte Systeme nicht mehr ausreichten. Große digitalisierte Berichtswerke wie die Statistik nach § 51b SGB II legten sich zusätzlich normierend über die „alte Datenwelt" und standardisierte neu ihre Parameter. Die Systeme mussten anders, größer, komplexer und variabler werden.

Letzte Versuche zur Schaffung neuer bundesweiter Standardsysteme scheiterten, zuletzt Basis3000 im Jahre 2001 (vgl. Asendorpf 2001). Der Kreis der Anbieter am Markt sank. Heute bieten in Deutschland nur noch fünf bzw. sechs Anbieter aktiv am Markt Standard-Softwareprodukte für die Sozialverwaltung an: AKDB, AKDN, Prosoz, Lämmerzahl, Prosozial (mit SGB II) und Care (ohne SGB II). Zugleich wuchsen mit dem technischen Fortschritt auch die Möglichkeiten, Amt und Organisation der Vorgänge und Verfahren durch Digitales voranzubringen. Seit dem Jahrtausendwechsel sind „IT und Sozialwesen" ständiges Thema einer eigenen Fachwelt, die es in Fachzeitschriften, Messen, Kongressen, Arbeitsgruppen, Fachverbänden, Fachverfahren der Softwarehersteller und durch Fortbildungen bearbeitet. Kommunen sind in diesem Fachprozess mittendrin und unverzichtbarer Teil des Wandels, den sie auf vielfältige Weise mitgestalten.

Exkurs: Papier, Schriftlichkeit und Verwaltung in Deutschland

Eine kulturspezifische Bedingung ist ganz wichtig zu beachten bei der Digitalisierung deutscher Ämter. Die erste oder größte zu bewältigende Aufgabe ist es, den Bediensteten das Materielle ihrer Verwaltungsarbeit erfolgreich zu nehmen: die Handakte.[2] Die

2 Wenn man sich klarmacht, dass das lateinische Wort materia für Stoff von mater = Mutter stammt, kann man erahnen, woher die Tiefe der Bindung mancher Menschen an ihre Handakte kommen könnte. Sie ist zuverlässig, wie es Mütter meist sind.

stoffliche Materialisierung der Arbeit und Entscheidungen wird in einer Akte, die jederzeit zur Hand ist, abgelegt. Dies erfolgreich zu digitalisieren, erfordert, dass man so nah und natürlich wie möglich an und in die Fallarbeit herankommt.

Die Deutschen sind das Volk der Schreiber, Drucker und Ordner – und zwar mit System. Buchdruckkunst, Aktenordner, Locher, DIN-A4-Format sind deutsche Erfindungen mit Weltgeltung. Das schaffen auch moderne Dokumenten-Management-Systeme (DMS) und eAkten nicht ab. Im Gegenteil werden vorsorglich viele Vorgänge nochmals ausgedruckt und parallel in einer „Handakte" geführt. Das kostet Millionen Kubikmeter umbauten Raumes.

Und dennoch: Ohne Digitalisierung wären die Amtsstuben schon vor Jahren in Papierflut erstickt. Die Fachverfahren haben die Komplexität der Fälle gesetzesgerecht und statistikgetreu in bedienbare Anwendungen umzusetzen, die im Konzert mit umgebenden Anwendungen für die Korrespondenz, die elektronische Post, die Auszahlungen über das Kassenverfahren und andere Geldverkehrswege, ein Office-Paket sowie eine elektronische Akte oder ein Dokumentenmanagement mitspielen. Allein um dies wiederum zusammenzuführen, sind bei vielen IT-Landschaften Handakten immer noch bitter nötig. Unsere Amtsstuben und ihre Archive in Deutschland sind heute so brechend voll, dass der Überblick bisweilen verloren geht und wir nicht mehr wissen, ob und was sich wo befindet. Deshalb ist es mittlerweile üblich, bei Neu- oder Umbauten von Ämtern den durch Digitalisierung veränderten Leistungsprozess durch schlankere Grundrisse, Gebäude und Amtszimmer einzuplanen und sich dabei der Altlasten zu entledigen.

An der materiellen Schwelle der Übertragung analoger in digitale Medien für die Akte setzt die Technik des Scannens ein. Sie hebt die Belege der Vorgänge auf eine flüchtige und nahezu keinen Raum beanspruchende und dennoch jederzeit verfügbare Ebene.

Moderne Scanner sind mittlerweile sehr günstig und dabei so leistungsfähig, dass mit ihnen ein papierarmes bis papierloses Büro möglich wird und bislang ungenutzte Möglichkeiten und Räume erschlossen werden. Nicht nur, dass das Schriftgut sicherer und geschützter verwahrt ist. Moderne Scanner haben eine OCR-Software, eine optische Texterkennung, die die Zeichen auf dem eingescannten Schriftstück ausliest und daraus eine Datei macht, die nicht nur ein korrektes Bild jeder Seite wiedergibt, sondern zusätzlich auch jedes lesbare Zeichen in ein digitales Zeichen umsetzt. Landet diese Scan-Datei nun in einem mit modernen Algorithmen ausgestatteten Fachverfahren, dann identifiziert dieses das ankommende digitalisierte Schriftgut und ordnet es sofort dem zugehörigen Fachvorgang zu und stellt es der zuständigen Sachbearbeitung als Eingangsereignis in ihrem digitalen Posteingangskorb bereit. Die Inhalte des Schriftstücks sind bereits Daten geworden und müssen nicht mehr abgetippt werden. Voraussetzung ist, dass es keine „fachfremden" Texte, sondern z.B. Anträge, ein Gehaltsnachweis, ein Mietvertrag, eine Nebenkostenabrechnung, eine Praktikumsbescheinigung sind.

Um möglichst naturgetreu die gewohnte Vorgangsbearbeitung nachzubilden, haben wir in unserem Unternehmen zeitgemäße Fachverfahren so verstanden, dass dieses selbsttätig die Daten aus den Schriftstücken in Felder und Masken einfügt und direkt daneben das Dokument als Quelle und Beleg dafür anzeigt, was es darin wie erkannt und eingefügt hat. All dies läuft nur innerhalb der schützenden Mauern des Fachverfahrens selbst ab. Es gibt keine anderen Speicherorte als die geschützten innerhalb des Fachverfahrens mit seinen von der Amtsführung verantworteten Zugriffsrechten. Die besonders schützenswerten Sozialdaten mit ihren Dokumenten befinden sich nur innerhalb des Fachverfahrens und nur in den zugehörigen Fallakten. Dies ist eine enorme Arbeitserleichterung. Unnötige und lästige Arbeiten bei der Umwandlung vom analogen Papier in digitale Daten verschwinden. Darüber hinaus bietet ein mit dem Fachverfahren fest verbundenes Portal Vorgänge an, die bereits vom Bürger oder externen Partner digital begonnen werden. Aus dem Portal können aufs Fachverfahren bezogene elektronische Formulare, Vorlagen und Anträge bereits digital richtig formatiert das Fachverfahren betreten und von diesem fehlerfrei verarbeitet werden.

Strategisch ist diese Technik ein Durchbruch und seit Kurzem am Markt verfügbar. Sie überwindet das Zusammenfügen von Daten aus heterogenen Umfeldern in Kommunen durch digitale Anbindungen wie Schnittstellen zu externen eAkten- oder DMS-Systemen fremder Anbieter sowie Bürgerportalen. Dieses führt zu Brüchen, Verengungen, mangelnder Datensparsamkeit usw. An der Barriere von analog zu digital kommt es zu Streuverlusten und Mehrarbeit, die nicht nur angesichts knapper Kassen und hohen Datenschutzes, sondern ganz besonders aufgrund der besonderen Arbeitskultur im kommunalen Amt eine schlechte Lösung sind.

Die Rolle der Sozialämter im Umfeld der Digitalisierung

Das Recht auf „informationelle Selbstbestimmung" kann man gut und gern auch auf das kommunale Sozialamt übertragen. Weder sollte eine zentrale EDV-Abteilung dem Amt vorschreiben, wie es ausgestattet zu sein hat, noch sollten Digitalisierungsmoden von außen dem Amt aufnötigen, welche Arbeitstechniken es zu benutzen hat. Die Kommunen mit ihren Sozialämtern sind Organisationen, die die Digitalisierung vor Ort beeinflussen und zugleich selbst von ihr beeinflusst werden. Das Spektrum und die Art, wie sie ihre Rolle wahrnehmen, werden mindestens zwischen zwei Polen aufgespannt: zum einen die aktive Rolle, wenn beispielsweise die Organisation der Arbeit im Amt mithilfe moderner IT aktiv und strategisch weiterentwickelt wird, wenn Berichte und aktuelle Informationen für Politik und Bürger im Internet veröffentlicht, Dienste sichtbar gemacht werden, bis hin zu umfangreichen Portalen, die in Großstädten hohe Transparenz und Erreichbarkeit der Hilfen schaffen. Zum anderen gibt es aber auch eine passive Haltung, die immer wieder dann gut beobachtet werden kann, wenn neue Schübe der Digitalisierung „von außen" auf Ämter und ihre Aufgaben einwirken und erst einmal beraten werden muss, wie ein vernünftiger Umgang damit aussehen könnte (z.B. Online-Terminierung, Behördenrufnummer 115, Bürgerbüro, eAkte).

Disruption und Transformation

Mit der starken Verbreitung immer leistungsfähigerer Klein-Computer mit mobiler Internetverbindung, den Smartphones, entstehen Prozesse und Lebensvollzüge im Alltag der Menschen und Institutionen, die ihre Lebenswelt sprunghaft mehr und mehr in digitale Sphären entführt. Prozesse allmählichen Wandels werden immer wieder durch schwer vorhersehbare Umbrüche und Neuerungen, sogenannte disruptive Innovationen, unterbrochen. Die manipulativen Einwirkungen via Facebook, Twitter, Instagram usw. auf Meinungen, Einstellungen und Wahlentscheidungen der Bevölkerung sind beängstigend. Das wirkt sich auch auf den sozialen Frieden aus.

Gegenwärtig tauchen überall Narrative auf, die Angst und Schrecken verbreiten sollen: „Das Abendland geht wieder einmal unter." In dieser Situation ist die verlässliche, Sicherheit und Transparenz schaffende Information der Bevölkerung besonders wichtig. Das Vertrauen in die Zuverlässigkeit und Rationalität der Verwaltung ist das A und O des sozialen Friedens. Die Migration nach Europa und in die Hilfesysteme ging mit digitalen Neuerungen und Disruptionen einher, die bis heute noch nicht wirklich abgearbeitet sind.[3]

In einer Krise oder disruptiven Situation ist ein Verharren oder gar der Rückzug in den Habitus leistungsabwehrender Haltungen, wie er in traditionellen Eingriffsverwaltungen üblich war, nicht mehr möglich. Das Neue lässt sich mit Altbekanntem nicht lösen, neue Haltungen und Strategien sind notwendig. Spätestens mit der „Flüchtlingswelle" wurde klar, dass viele alte Vorgehensweisen nicht mehr passten. Mit dem sprunghaften Anstieg der Bürgerkriegsflüchtlinge 2015 sind neue Aufgaben so schnell und in so großer Anzahl und auf völlig neue Weise zu bewältigen gewesen, dass viele kenntnisreiche Beobachter/innen mit dem Wort „Flüchtlingskrise" die Krise des Sozialstaates meinten, die durch die Zuwanderung entstanden war. Die Flucht war selbst schon ein digital organisierter Prozess: Viele Geflüchtete hatten keine Unterlagen außer ihrem Smartphone bei sich. Mit diesem orientierten sie sich geografisch und später in der sprachlich-sozialen Welt (vgl. Nazrabi 2016). Im Handy hatten viele Dokumente, Zeugnisse als digitale Ablichtungen von Papieren dabei. Damit unterstützten sie u.a. auch ihre Aufnahme in die Sozialsysteme (vgl. u.a. Donat 2016). Ämter verschiedener föderaler Ebenen setzten ebenso wie Hilfsorganisationen verstärkt neue Medien für die eigene Arbeit und den Austausch mit anderen Organisationen ein.

3 Siehe den IT-Planungsrat und die IT-Systeme des Bundes wie die des Bundesamts für Migration und Flüchtlinge (BAMF), die Datenaustauschverbesserungsgesetze im Bereich Aufenthalt und Asyl, das XAUSLÄNDER-Schema sowie das Ausländerzentralregister (AZR beim BVA) sowie neue Datenaustauschschemata für Integrationskurse (InGE) und berufsbezogene Deutschsprachkurse (BerD) und fragwürdige Versuche, mit den Ankerzentren die Probleme digitaler Vernetzung EU-weit mit Block-Chain-Technologie in den Griff zu bekommen.

Seit dieser Zeit hat die digitale Transformation ein solches Maß an Geschwindigkeit und Durchdringung unserer Zivilgesellschaft und Lebenswelten entwickelt, dass heute professionell organisierte Beratungs- und Hilfeprozesse ohne digitale Expertise nicht mehr legitimiert und darüber hinaus unwirksam, unwirtschaftlich und daher nicht mehr geboten sind. Wer kompetent Verantwortung für Daseinsfürsorge zu übernehmen hat, muss heutzutage sozial und digital vorgehen oder sein Vorhaben geht mangels Wirkung, Akzeptanz und Transparenz unter. Das Ringen um den Digitalpakt zeigt, dass dies heute einmütige Einsicht in Politik und Ämtern ist.

Die Datenschutzgrundverordnung (DSGVO), der Sozialdatenschutz und das Recht auf informationelle Selbstbestimmung sind Rechte, die präventiv bereits im Entwurf der Organisation jedes Leistungsprozesses, -systems und -vorhabens berücksichtigt und informationstechnisch selbstbestimmt vom kommunalen Sozialamt umzusetzen sind. Für das Jahr 2022 fordert das Onlinezugangsgesetz (OZG) wiederum eine ubiquitäre Erreichbarkeit öffentlicher Leistungen durch Portale, die als Verbund aufzutreten haben, damit künftig „Bürgerinnen und Bürger Verwaltungsdienstleistungen aller Behörden in Bund, Ländern und Kommunen online mit wenigen Mausklicks erledigen können" (BMI 2018).

Ausblick

Die Anzahl und Komplexität der Leistungsprozesse und damit verbundener Unterstützungsprozesse wächst ohnehin fortwährend. Dies alles digital zu bewältigen, ist eine große Herausforderung für alle Beteiligten. Ohne die digitalen Hilfen wäre heute kein Staat und schon gar kein Sozialstaat zu machen. Mit einer analogen Akte, einer Handakte, Hängeregistraturen, daraus erwachsenden Wiedervorlagen und der Ablage in sich immer mehr füllenden Archiven wäre dies schon lange nicht mehr zu schaffen.

Grundwerte und Haltungen (vgl. Oevermann 2000, 82) wie Würde, Fürsorgepflicht und Daseinsvorsorge bleiben auch und gerade beim „Digitalisieren" Richtschnur und Kompass. Niemand soll im Hilfeprozess Täter oder Opfer werden. Alle sollen von der Digitalisierung profitieren. Öffentlich verantwortete, digital unterstützte Hilfen sind ganzheitlich von Anfang bis Ende (vom Portal bis zur Archivierung) als Kernbestand des steuernden und Daten schützenden Fachsystems sicherzustellen.

> Die Einführung und Weiterentwicklung moderner Techniken in Fachverfahren, die auf die besondere Kultur und die Arbeitsgewohnheiten im Amt behutsam digital eingehen, helfen, auch morgen noch Transformationen mit Disruptionen selbstbestimmt und von Bürger/innen wie Bediensteten akzeptiert bewältigen zu können.

Literatur

Asendorpf, D. (2001): Software mit Schnörkeln, in: ZEITonline vom 22. März 2001, https://www.zeit.de/2001/13/200113_ce_verwaltung.xml (7. März 2019).

BMI – Bundesministerium des Innern, für Bau und Heimat (2018): Portalverbund digitaler Verwaltungsdienstleistungen: einfach, schnell und sicher, https://www.bmi.bund.de/DE/themen/moderne-verwaltung/verwaltungsmodernisierung/portalverbund/portalverbund-node.html (7. März 2019).

Donat, J. (2016): Digitale Hilfe auf der Flucht, https://politik-digital.de/news/digitale-hilfe-auf-der-flucht-149976/ (7. März 2019).

Nazrabi, N. (2016): Smartphones, Lebensretter auf der Flucht: Relevanz und Nutzung von Smartphones auf den Fluchtwegen nach und in Deutschland, https://re-publica.com/en/session/smartphones-lebensretter-auf-flucht-relevanz-und-nutzung-smartphones-auf-den-fluchtwegen (7. März 2019).

Oevermann, U. (2000): Das grundlegende Handlungsproblem des Personals in sozialen Ämtern. Die Interaktionsproblematik im Umgang mit den Klienten, in: von Harrach, E.-M./Loer, T./Schmidtke, O.: Verwaltung des Sozialen. Formen der subjektiven Bewältigung eines Strukturkonflikts, Konstanz, S. 79–92.

Die Fachzeitschrift „**Archiv für Wissenschaft und Praxis der sozialen Arbeit**" erscheint vierteljährlich als in sich geschlossene Themenhefte. Folgende Ausgaben können Sie noch bestellen:

- ❑ 1/2019: Das Bundesteilhabegesetz zwischen Anspruch und Umsetzung
- ❑ 4/2018: Existenzminimum oder Teilhabe? Weiterentwicklung des Sozialhilfesystems
- ❑ 3/2018: Wirkungsorientierung in der Sozialen Arbeit
- ❑ 2/2018: Vielfalt und Zusammenhalt: Herausforderungen für die Soziale Arbeit
- ❑ 1/2018: Kinder- und Jugendhilfe: Impulse für den weiteren Reformprozess
- ❑ 4/2017: Menschen mit psychischen Erkrankungen: Ausschluss oder Teilhabe?
- ❑ 3/2017: Umsetzung der Pflegereform vor Ort
- ❑ 2/2017: Strategien gegen Altersarmut
- ❑ 1/2017: Kommunale Sozialplanung vor neuen Aufgaben
- ❑ 4/2016: Langzeitarbeitslosigkeit: Auswege aus der Sackgasse
- ❑ 3/2016: Qualität in der Kindertagesbetreuung: ein Zwischenzeugnis
- ❑ 2/2016: Vereinbarkeit von Beruf, Familie und Pflege – eine Frage der Zeit?
- ❑ 1/2016: Neue Ansätze in der Suchthilfe
- ❑ 4/2015: Grenzen überwinden: Perspektiven für die Integration Geflüchteter
- ❑ 3/2015: Wie gelingt der Übergang Schule – Beruf?
- ❑ 2/2015: Mediatisierung der Kinder- und Jugendhilfe
- ❑ 1/2015: Was brauchen Menschen mit Demenz?
- ❑ 4/2014: Beratung im Jobcenter
- ❑ 3/2014: Neuordnung der Leistungen für Menschen mit Behinderung
- ❑ 2/2014: Partizipation in der sozialen Arbeit: Alibi oder Empowerment?
- ❑ 1/2014: Profil und Position der Schulsozialarbeit
- ❑ 4/2013: Häusliche Gewalt gegen Frauen: Lücken im Hilfesystem
- ❑ 3/2013: Inklusion in der Diskussion *(vergriffen)*
- ❑ 2/2013: Die Zukunft der freien Wohlfahrtspflege
- ❑ 1/2013: Wohnungslosenhilfe vor neuen Herausforderungen
- ❑ 4/2012: Soziale Berufe zwischen Fachkräftemangel und Akademisierung
- ❑ 3/2012: Häusliche Pflege: Arrangements und innovative Ansätze
- ❑ 2/2012: Wege aus dem Bildungsdilemma
- ❑ 1/2012: Diversity Management und soziale Arbeit
- ❑ 4/2011: Aktuelle Entwicklungen in der Schuldnerberatung
- ❑ 3/2011: Neue Technologien im Gesundheits- und Pflegebereich
- ❑ 2/2011: Lebenslage Alleinerziehend – wo ist das Problem?
- ❑ 1/2011: Was bringt das Kinderbildungspaket? *(vergriffen)*
- ❑ 4/2010: Diagnose und Diagnostik in der sozialen Arbeit *(vergriffen)*
- ❑ 3/2010: Eingliederungshilfe und Pflege: aktuelle Anstöße und Ansätze
- ❑ 2/2010: Die Kategorie "Geschlecht" in der Kinder- und Jugendhilfe
- ❑ 1/2010: Leistungen für Unterkunft und Heizung – was ist angemessen?
- ❑ 4/2009: Armut und soziale Ausgrenzung
- ❑ 3/2009: Wohin treibt die Sozialwirtschaft? Ordnung, Steuerung, Perspektiven
- ❑ 2/2009: Familienpolitik auf dem Prüfstand
- ❑ 1/2009: Ein Jahr Rechtsanspruch auf Persönliche Budgets

Vorankündigung

Liebe Leserinnen und Leser,

die nächste Ausgabe des „Archivs für Wissenschaft und Praxis der sozialen Arbeit" erscheint im August 2019. Sie hat zum Thema:

Kinderarmut wirksam bekämpfen

Auf Grundlage wissenschaftlicher Studien, politischer Konzepte und Erfahrungen aus der Praxis werden die komplexen Ursachen von Kinderarmut analysiert und Lösungsansätze bewertet. Die spezifische Situation von Kindern mit Migrations- oder Fluchthintergrund wird dabei besonders berücksichtigt